U0933807

珍藏本
纪念版

汉译世界学术名著丛书

哲学书简

〔法〕伏尔泰 著

闫素伟 译

商务印书馆
SINCE 1897
The Commercial Press

2017年·北京

Voltaire

LETTRES PHILOSOPHIQUES

根据 GARNIER-FLAMMARION(Chronologie et préface par René Pomeau,professeur à la Sorbonne) 1964 年版译出

汉译世界学术名著丛书
（120年纪念版·珍藏本）
出版说明

2017年2月11日，商务印书馆迎来120岁的生日。120年前，商务印书馆前贤怀揣文化救国的理想，抱持“昌明教育，开启民智”的使命，立足本土，放眼寰宇，以出版为津梁，沟通中西，为中国、为世界提供最富智慧的思想文化成果。无论世事白云苍狗，潮流左右激荡，甚至战火硝烟弥漫，始终践行学术报国之志，无改初心。

迻译世界各国学术名著，即其一端。早在20世纪初年便出版《原富》《天演论》等影响至今的代表性著作，1950年代后更致力于外国哲学和社会科学经典的译介，及至1980年代，辑为“汉译世界学术名著丛书”，汇涓为流，蔚为大观。丛书自1981年开始出版，历时三十余年，迄今已推出七百种，是我国现代出版史上规模最大、最为重要的学术翻译工程。

丛书所选之书，立场观点不囿于一派，学科领域不限于一门，皆为文明开启以来，各时代、各国家、各民族的思想与文化精粹，代表着人类已经到达过的精神境界。丛书系统译介世界学术经典，引领时代思想，为本土原创学术的发展提供丰富的文化滋养，为推动中国现代学术和现代化进程做出了突出的贡献。

为纪念商务印书馆成立120周年，我们整体推出“汉译世界学术名著丛书”120年纪念版的珍藏本，寄望既利于文化积累，又便于研读查考，同时向长期支持丛书出版的译者、编者和读者致以敬意。

两甲子后的今天，商务印书馆又站在了一个新的历史时间节点上。我们不仅要铭记先辈的身影和足迹，更须让我们的步伐充满新的时代精神。这是商务人代代相传的事业，更是与国家和民族的命运始终紧密相连的事业。我们责无旁贷，必须做好我们这代人的传承与创造，让我们的努力和成果不仅凝聚成民族文化的记忆，还能成为后来人可以接续的事业。唯此，才能不负前贤，无愧来者。

商务印书馆编辑部

2017年10月

目　录

引　言

在一个名声显赫的大家族里，罗昂-夏伯*[①]是个无名的后裔。有一天，他对着《俄狄浦斯王》(OEdipe)和《亨利亚特》(Henriade)的作者伏尔泰叫嚷道："又是德·伏尔泰，又是阿鲁埃[②]，你到底叫什么？"伏尔泰回应说："我不像有些人，让自己的家族姓氏蒙羞，我会让自己的姓氏永垂青史。"罗昂-夏伯骑士举起手杖要向伏尔泰打去，但他突然又改变了主意："对你这种人，只能用棍子来讲话。"这件事发生在法兰西喜剧院。三天之后，伏尔泰在苏利公爵(duc de Sully)家晚餐，有个仆人来告诉他说，有人要见他。他毫无戒心地下楼去了。在大门口，他看到四条健壮的大汉。这些人抡起木棒便朝他打来。罗昂-夏伯骑士坐在一辆马车里，悠闲地见证了整个杖责的过程。当时，一个贵族若对文人不满，便常用这种杖责的方式来惩罚他。据说拉辛也曾险些遭此厄运。

伏尔泰不甘受辱。他暴跳如雷，想和罗昂-夏伯决斗。罗昂-

---

* 部分译者注由刘北成和史天宇所做，刘北成先生对部分译文进行了修订，特此感谢并说明。

① 罗昂-夏伯(Guy Auguste de Rohan-Chabot)：法国贵族，和伏尔泰产生了矛盾。

② 阿鲁埃：伏尔泰原名弗朗索瓦-马利·阿鲁埃(François-Marie Arouet)，伏尔泰是他的笔名。

夏伯谨慎地让家里人帮了忙：国王发出命令，将阿鲁埃先生关进了巴士底狱。几天之后，伏尔泰从狱中出来，被责令远离巴黎五十里之外[①]。1726 年 5 月 10 日，伏尔泰在加莱上船去了英国，并在英国一直生活到 1728 年。

是“微不足道的原因”导致发生了重大的事件吗？邦格罗斯(Pangloss)[②]会说：“如果罗昂没有招惹伏尔泰，伏尔泰也就不会写《英国书简》[③]这本哲学世纪的重要作品了。”实际上，这件事和别的事情一样，“微不足道的原因”只是起到了某种揭示的作用，而不是解释。在间隔不到几个月的时间里，三个法国人相继来到英国，而且都是那个时代重要的思想家：孟德斯鸠(Montesquieu)、普雷沃斯特神甫(abbé Prévost)[④]和伏尔泰。而伏尔泰几年之前便开始关注拉芒什海峡对岸的英国。他到过英国驻巴黎的大使馆，与在法国避难的英国托利党领袖博林布罗克[⑤]勋爵(Bolingbroke)有过来往。他把博林布罗克比作西塞罗(Cicéron)，而且在这个政治哲学家的鼓动之下，伏尔泰开始学习英语。他研究过洛克(Locke)的作品。与亚历山大·蒲柏(Alexander Pope)[⑥]通信。他本来就决心要到英国去一趟的。杖责事件和巴士底狱只不过促使

① 此处为古里(lieue)，每一古里大约相当于四公里。

② 伏尔泰《老实人》中的人物。

③ 也就是本书，因为是伏尔泰在英国时写的书信，故又名《英国书简》。

④ 普雷沃斯特神甫(1697—1743)：法国作家，著有《曼侬·莱斯科》(Manou Lescaut)。

⑤ 博林布罗克(1678—1751)：英国政治家，曾做过托利党领袖。

⑥ 亚历山大·蒲柏(1688—1744)：英国诗人。

他提前出发了而已。

英国始终就是想与法国一争高下的国家，但三分之一个世纪以来，英国明显地走在了法国的前面。英国发生了1688年的革命，建立了君主立宪制，同时也接受了宗教的宽容和某种程度上的思想自由。而这些创新，在很长时间里曾被法国舆论界认为是邪恶的东西。可是在乌得勒支条约[①]谈判时，常常为人所诟病的英国却颐指气使地规定条件了。英国的贸易蒸蒸日上。英国的哲学和科学处在知识运动的前沿。英国人俨然成了一种新型的人：英国人思想自由，行动自由，对尘世间的一切无所畏惧，对来世的一切也无所畏惧。这难道不值得法国思考吗？法国因路易十四的战争而濒临破产，摄政的丑闻和约翰·劳[②]的通货膨胀搅乱了民心，教皇谴责冉森派的谕旨引发的神学争论，又使得法国变得四分五裂。

伏尔泰决定对这个“理性之岛”进行一番调查。他先从提高自己的英语水平开始。他请了一个年轻的公谊会教徒给他上英文课，并由此而发现了这个特别的教派。他的第一封哲学书信中的对话者安德鲁·皮特是一个真实的人物；后来，他与这个人仍然保持了联系。几个星期之后，他学会的英语足够让他去看戏了，并由此而感受到了莎士比亚这个天才的“蛮子”带给他的震撼。有人在王宫里引见了他。他与两党的政治家都有来往，包括博林布罗克

① 是西班牙继承战争各参战国于1713年4月订立的条约，规定法国和西班牙永远不得合并等等内容。

② 约翰·劳(John Law，1671—1729)：苏格兰裔金融家，他在法国推行的发行纸币政策造成了严重的通货膨胀。

勋爵，但也包括博林布罗克的对头、辉格党（Whig）的党员——首相罗伯特·沃波尔[1]。辉格党的很多知名人物都订购了他1728年在伦敦出版的《亨利亚特》[2]。他在彼得伯勒勋爵[3]的家里小住过；到哈维勋爵[4]在萨福克的农庄里去拜访过，马尔伯勒夫人[5]在布伦海姆的住宅中接待过他。他也与金融和贸易界的人士建立了联系。他把自己的钱投资在犹太银行家梅迪纳（Médina）和达高斯塔（d'Acosta）的银行里。他在法格奈（Falkener）家做过客，法格奈是个商人，后来成了驻君士坦丁堡的大使。人们都认为，"关于帕斯卡的第六条意见"中那位匿名的朋友就是法格奈。

当然，他还与文人们常有来往，包括诗人蒲柏（Pope）；据说他和斯威夫特[6]一起在彼得伯勒勋爵家里住过三个月；他和《乞丐歌剧》的作者约翰·盖伊[7]、哲学家贝克莱[8]、自由派的神学家塞缪尔·克拉克[9]有过来往。他参加了牛顿的盛大葬礼，英国对这个伟大人物的敬意使他深受触动。他向侄女龚杜依夫人（Mrs Conduit）打听关于牛顿的一些情况。很快，他便想好要发表一些类似于英国报道之类的东西。

他刚刚记了一些简单的笔记，便回到了法国。多少年过去了，

① 罗伯特·沃波尔（Robert Walpole，1676—1745）：英国辉格党政治家。
② 《亨利亚特》：意为亨利史诗，伏尔泰写的一部长篇史诗。
③ 彼得伯勒勋爵（Peterborough，1658—1735）：英国贵族，政治家，军人。
④ 哈维勋爵（lord Hervey，1696—1743）：英国廷臣，小册子作家，回忆录作家。
⑤ 马尔伯勒夫人（Marlborouth，1660—1744）：安妮公主的侍女和私人顾问。
⑥ 斯威夫特（Swift，1667—1745）：英国-爱尔兰作家，著有《格列佛游记》。
⑦ 约翰·盖伊（John Gay，1685—1732）：英国诗人、戏剧家。
⑧ 贝克莱（Berkeley，1685—1753）：爱尔兰哲学家，主教。
⑨ 塞缪尔·克拉克（Samuel Clarke，1675—1729）：英国哲学家，圣公会教徒。

他仍然没有将自己当初的想法付诸实施。他通过莫佩尔蒂[①]，简单了解了一下牛顿的物理学是怎么回事。到1733年，《哲学书简》终于准备就绪了。这本书首先是以英文译本的形式在伦敦出版的。有人没有得到准许便在鲁昂印制了法文版本，但伏尔泰制止了这个版本的发行。他担心这本爆炸性的小书会给他惹来相当严重的麻烦。的确，出版商等得不耐烦了，把出版的图书卖了出去，议会的一项决定谴责了这本书，说是一本“令人感到气愤、违背宗教、有伤风化的书，而且缺乏对达官贵人应有的尊敬”。《哲学书简》在王宫的大台阶下被刽子手焚烧。国王下令逮捕伏尔泰。于是，伏尔泰不得不逃跑并躲藏了起来。

这一事件击中了伏尔泰的要害。他放弃了写《旅行者书简》的打算，而这本书只不过是以外国风情为主调的。英国重要的是哲学，换句话说就是现代的精神。在一本谈及英国人1730左右的教派、政治、贸易、科学、文学的书中，为什么会出现“关于帕斯卡的一些说明”呢？作为后来补充进去的一个附件，这篇“反对帕斯卡”的文章实际上证实了《哲学书简》的精神实质。伏尔泰反对从前的宗教哲学，也定义了在当时的欧洲正在诞生过程中的世界哲学。

在三十年战争时期或者之后，帕斯卡描绘的人的焦虑，恰恰与人当时的状态相符。那是布莱希特(Brecht)的“大胆妈妈”[②]的世

① 莫佩尔蒂(Maupertuis，1698—1759)：法国数学家、物理学家、哲学家。他是最先确定地球形状为近扁球形的科学家。

② 这里借用德国戏剧家布莱希特的剧本《大胆妈妈和她的孩子们》来比喻17—18世纪的欧洲状况。

界。人只有到了来世才能得到拯救，在今生今世是没有任何指望的。人只能接受国王、战争、不正义的命运。人只能接受痛苦和死亡。人躲避社会生活，无可救药地腐败了。行动是人企图麻痹自我的"娱乐"方式，似乎是邪恶的自然之标志。因此，这个不幸时代的人只能退避，只能孤独地与上帝对话。人为了躲避自然而走向了超自然。

为了反对这一点，伏尔泰在《哲学书简》中为人世间的幸福提出了一种新的观念。有人会说，那是时代的标志。弗勒里（Fleury）[①]和沃波尔（Walpole）[②]打出的旗号都是和平的，在这一旗号之下，上层阶级越来越富有，他们知道了什么叫"舒适"，知道了如何把日子过得舒舒服服；普罗大众也不像从前那样整天饿肚子，人口很快多起来。但是《哲学书简》的哲学不仅仅局限于当时的时局。

在 1734 年的法国，阐述洛克的经验主义和牛顿发现的万有引力，那是要引起公愤的。这些思想在当时是具有革命性的新思想，如今则已经属于历史了。但是产生这些思想的精神依然存在。伏尔泰把牛顿说成是"哲学家"的"典型"，也就是说，牛顿表明了什么是科学思想。科学思想是人类集体的创造，科学思想通过对自然规律的认识，改变着人类的生活。"关于牛痘"的信便说明了这一点。伏尔泰重新整理了笛卡尔在《谈谈方法》中提出的远大抱负。但是，伏尔泰强调的却是经验，而且科学不仅仅是人们的希望，还是一种看得见、摸得着的现实。

---

① 安德烈·艾库尔·德·弗勒里（André Hercule de Fleury，1653—1743），法国红衣主教和政治家，当过路易十五的家庭教师。

② 罗伯特·沃波尔（Robert Walpole，1676—1745），英国政治家。

这本书的第二个重要思想是关于社会生活的思想。一边是帕斯卡、笛卡尔，另一边是伏尔泰，在这两边之间，从一边到另一边，法国的思想从关注人过渡到了关注人类。伏尔泰的言辞准确地表明了他的意图，那就是他决心与“人类”站在一起，反对那种不食人间烟火的愤世嫉俗。当然，对生活在社会中的人所遭受的痛苦，他并非不知道：欺诈、压迫、战争、狂热……但是，他摆脱了灾难的想象，而虔信宗教的人却沉湎在这样的想象中，并自得其乐。“一片荒芜而可怕的孤岛”，一个屠宰场，人人只能等着轮到自己被宰杀的时刻。从这些触动人心的比喻中，我们一点也看不到现代欧洲社会生活的影子。英国的例子恰恰表明，我们可以安排好集体的生活，让每个人都能够享受到根据其天性而应该享受的一份幸福。

而且不管怎么样，人生来就应该是社会生活中的人。人在内心深处的愿望，激励着人在共同的社会生活的框架内行动。说生活是“娱乐”，是对自我的逃避，这种说法是错误的。“想自己，等于是什么也不想，”伏尔泰指出说，只有当思想有对象时，思想才是存在的。人只有通过行动才能够证实自己。在人们对帕斯卡的“娱乐”说法的批判当中，只有伏尔泰的批判才是唯一有效的。伏尔泰也许不是一个深刻的哲学家。但是他的表现说明，他是一个恰到好处的哲学家。

他对参照的选择是恰到好处的；他的风格也是恰到好处的。他思想敏捷，目光犀利，斗志昂扬，《哲学书简》的口吻使人精神一振。这本书让人体会到了“启蒙”时代的乐观主义。

自从《哲学书简》引起轰动以来，两个世纪已经过去了。伏尔泰在这本书中阐述的哲学已经成为基本的真理，我们的世界就是以这种哲学为基础建设起来的。科学征服,社会组织仍然是以技术为本的人类所追求的目的。1734 年的这本小书里最具现实意义的,是我们开卷便能体会到的一种精神。有些人喜欢在想象中逃避现实,而逃避表现的必然是良心上的瑕疵。但是,伏尔泰却清醒、警觉地告诉人们,要勇于承担人类的现代冒险。

勒内·波墨

第一封信：关于贵格会信徒

我认为，既然这群人是如此不同寻常，其学说和历史定然值得一个理性之人的探究。为了了解他们，我去找了一个英国最负声望的贵格会信徒。他在商业界拼打过三十年，然后觉得人的财产和欲望总该有个局限，便退避在离伦敦不远的乡下。我到他的退居之地去拜见他。他住的房子不大，但是建得很好，干干净净，并不见有什么装饰。这位贵格会的信徒是个清清爽爽的老头儿，从来不曾生过什么病，因为他从来就不曾有过激情和嗔痴。其神情之高贵和亲和，是我有生以来从未见过的。他像所有的贵格会信徒一样，穿着两边没有折缝、衣袋和袖口上没有扣子的长衫，戴了一顶大帽子，帽檐下垂，这和我们的教士们一样。他戴着帽子接待我，也不鞠躬，便照直向我走过来；但是，他脸上的表情却十分开朗，十分有人情味，胜过那种将一条腿向后一蹬，把本来应该戴在头上的帽子拿在手上的习惯礼法。他对我说："朋友，我看你是个外国人，如果我能为你效劳，请只管开口讲。"我按照我们的习惯，弯一弯腰，将一条腿向前略微挪出一步，对他说："先生，我的好奇没有让你感到不快，我很高兴，请不吝赐教，把你们的宗教对我说一说，我会感到不胜荣幸。"他回答我说："贵国的人言辞太过恭维，礼数太多。但我还不曾见过像你一样好奇的人。请进来，我们先

一起吃晚饭吧。"我又说了几句不合宜的恭维话,因为人的习惯不是一下子就能改掉的。我们的晚餐健康而简单,饭前和饭后都有祈祷。饭后,我便开始向对方提出问题。我首先提的,就是善良的天主教教徒们向胡格诺派的信徒提出过不止一次的问题。我对他说:"先生,你行过洗礼吗?""没有,"贵格会的信徒回答我说,"而且我的同道兄弟们也都没有行过洗礼。""那是为什么呢,真见鬼,"我又说,"你们难道不是基督徒吗?""孩子,你别着急。我们是基督徒,而且都在想方设法,要做个好基督徒。但是我们不认为,所谓基督教,就是向人的头上洒点凉水,再加上点盐。"我对他这样亵渎宗教感到忍无可忍,又说:"那可真该死,你们难道忘了,耶稣基督是由约翰施洗的?""朋友,你先别着急,"贵格会的信徒又和颜悦色地对我说,"我还有一点要说明呢。基督接受了约翰的洗礼,但是基督从来没有给任何人行过洗礼。我们不是约翰的信徒,而是基督的信徒。"我说:"唉,可怜的人啊,你如果生活在有宗教裁判所的国家,恐怕早就被送上火刑堆烧死了。哎,看在上帝的份上,让我来给你施洗,让你成为真正的基督徒吧!""如果这样做能够让你感到满意,"他神色凝重地又说,"这倒也不算什么事。我们不会因洗礼的仪式而谴责任何人。但是,我们认为,那些宣称自己信仰全圣全灵的宗教的人,应当尽可能地戒绝犹太教的仪式。""你这又是胡说了,"我叫道,"怎么是犹太教的仪式!""是的,孩子",他接着说,"这就是犹太教的仪式,今天,有些犹太人有时候还在实行约翰的洗礼。你去查一查古代的历史就会知道,古希伯来人很久之前便在实行这种仪式,正如当时的以实玛利人①便盛行去麦加朝圣一

① 以实玛利人:以实玛利是圣经中亚伯拉罕的长子,被看作是阿拉伯人的祖先。

样。约翰只不过是重新恢复了古人的做法而已。耶稣的确接受了约翰的洗礼,也接受了割礼。但是洗礼和割礼都应该废除,代之以基督的洗礼,基督的洗礼是圣灵之洗礼,能够拯救人。因此,先驱者约翰说:我用水给你们施洗,但在我之后会有别人,他比我更加强大,我为他提鞋都不配;他将用火和圣灵为你们施洗。所以外邦人的伟大使徒保罗,曾写信对哥林多人说:基督差遣我,原不是为施洗,乃是为传福音。因此,这个保罗一向只用水为两个人施过洗礼,而且是在不得已的情况下施洗的。他为信徒提摩太施行过割礼。其他的使徒为自愿者施割礼。你行过割礼吗?"贵格会的信徒又问道。我回答说不曾有此荣幸。于是他说:"那么,朋友,你是没有施过割礼的基督徒,我是没有施过洗礼的基督徒。"

这位神圣的贵格会信徒就是这样,貌似有理地曲解了圣经上的三、四段话。看起来,这几段话似乎对他的教派是有利的。但是他真心实意地忘记了,还有很多其他的段落,都是对他的教派不利的。我并没有反驳他。一个鬼迷心窍的人,你是没有办法说服他的,正好比你不能冒冒失失地向一个人说出他的情妇有什么缺点,不能向试图打官司的人指出他的诉讼有什么缺陷,也不能向自信得到神启的人讲什么道理。因此,我开始提别的问题。"关于领圣体,"我又说,"你们是怎么实行的呢?""我们不领圣体,"他说。"什么,你们不领圣体?""我们除了在心里与上帝相通之外,从不举办领圣体的仪式。"说着,他又向我引述《圣经》,洋洋洒洒地讲出一大堆反对领圣体的道理,其讲话的口吻似心有灵犀一般,想向我证明,所有的圣礼无一不是人们凭空臆造出来的,而且福音书中根本就没有出现过"圣礼"这个词。他说:"请原谅我的无知,我说的这些，远远不及我的宗教可以提供的证据。不过，在罗伯特·巴克莱[1]阐述我们的信仰的书中，你可以看到很多这样的证据。这是世上最好的一本书。我们的敌人也认为这本书很危险，这就证明，这本书是多么合乎理性。”我向他保证会读一读这本书。听了我的话，贵格会的信徒以为我已经改宗信了他的宗教了。

然后，他又用不多几句话，向我说明了他的宗派之所以受到其他教派蔑视的几点特殊之处。“你要承认，”他说，“当你礼数周到地向我表示客气的时候，我没有脱帽行礼，也没有假模假式地回应你的客套话，你一定忍不住笑话我了。但是，我看你是个见多识广的人，不会不知道，在基督的时代，人们是不会可笑地咬文嚼字，来讲究客套的，‘你’就是‘你’，没有‘您’的称呼。对恺撒·奥古斯都[2]，人们说：‘我爱你，请你……，谢谢你。’即使有人称他先生，或者称他多米努斯[3]，他也不会觉得不高兴。只是在恺撒之后很久，才有人想到用‘您’来代替‘你’，好像这样，被称呼的人就不一样了，而且滥用一些不恰当的称号，比如‘伟大的……’、‘卓越的……’、‘神圣的……’，正好比土里的一些虫子，怀着深深的敬意和无耻的虚伪，用这些称号来称呼其他的虫子，并保证自己是卑微和听话的奴仆一样。正是为了防止这种可耻的言不由衷的行为，这种互相吹捧的做法，我们才毫无分别地用‘你’称呼国王和修鞋匠，我们才不向任何人行礼，因为我们对人只有仁爱，对律法只有

① 罗伯特·巴克莱(Robert Barclay,1648—1690)：苏格兰贵格会信徒，作家。

② 恺撒·奥古斯都(César Auguste,公元前63—公元14年)：罗马帝国的开国君主。

③ 多米努斯(Dominus)：拉丁文，意为先生、主人、君主。

尊敬。

“我们穿的衣服也与其他人略有不同，目的是为了不断提醒我们，不要和其他人一样。其他人显示着他们的尊严，而我们身上只有基督徒的谦逊。我们远离娱乐场所、剧场、赌场，因为我们心中应该只有上帝，要是被这些琐事所萦绕，那岂不遗憾。我们从来不发誓，哪怕是在法庭上。我们认为上帝的名字不应当在人们无谓的争执中被亵渎。当我们为了别人的事而不得不出庭作证时（我们自己是从来不打官司的），我们只用‘是’或者‘不是’来确认事实，而法官也仅凭我们说的话而相信我们，我们不像有些基督徒，即使把手放在福音书上，也会立伪誓。我们从来不去打仗，不是我们怕死，相反，我们祝福会让我们归于万有之有的时刻。我们不去打仗，是因为我们不是狼，不是虎，不是狗，我们是人，是基督徒。我们的上帝要求我们连敌人也要爱，要求我们苦而无怨，无疑不会让我们漂洋过海去杀害自家兄弟的，因为一些穿着红色衣服的刽子手，头戴两尺高的帽子，手拿两根小棍子，一边敲打用驴皮绷成的鼓，招摇过市，招募公民去打仗。等到战胜归来，整个伦敦灯火通明，鞭炮在天上炸开一片片火花，空气中充斥着感恩的歌声、钟声、管风琴声、弥撒的唱经声时，我们却为使公众欢呼雀跃的屠杀而默默地哭泣。”

第二封信：关于贵格会信徒

以上就是我与这个怪人的大致谈话内容。但是，让我更加吃惊的，是下一个周日他带我去了贵格会信徒的教堂时，让我看到的情景。他们在伦敦有好几个小教堂。我去的那个教堂位于名叫“纪念碑”的著名的大石柱附近。当我与领着我来的人走进教堂时，人们已经聚齐了。里面大概有四百名男子，三百名妇女，妇女都用扇子遮着脸。男子都戴着宽檐帽子，大家都坐着，没人作声，里面一片寂静。我从他们中间走过时，没有任何人抬头看我。寂静保持了有一刻钟之久。终于，人群中有一个人站起来，摘下帽子，做了几个鬼脸，又叹了几口气之后，口鼻并用地诵读了几段他自认为是从福音书中摘录的句子，其实不管是他自己还是别人，都根本听不出福音书中的任何话。当这位丑态百出的家伙结束了自己美妙的独白时，聚集的人群心满意足，又呆头呆脑地散去了。我问领我来的人，为什么人群中那些聪明者也会忍受这样愚蠢的行径。他说：“我们不得不容忍这些事，因为我们无法知道站出来讲话的人，究竟是受了神灵的启示还是发了疯。由于无法判断清楚，我们只好耐心地听着。甚至妇女讲话也是准许的。我们常常会有两三位女信徒一齐觉得自己受到了神的感召，于是便在教堂里吵嚷得不可开交。”我问他：“你们难道就没有教士吗？”贵格会的信徒

说："没有，而且没有教士也很好。我们怎么能在星期天只让一个信徒接受圣灵，而排斥所有其他的信徒与神灵交感呢？感谢上天，我们是人世间唯一没有教士的信徒。我们与众不同，这样难道有什么不好吗？如果我们自己有奶喂养孩子，为什么还要雇奶妈呢？你雇个奶妈到家里来，用不了多久，她就会在家里作威作福，压迫孩子和母亲。上帝说：'你们免费得来的，也应免费给出去。'上帝这样说了，难道我们还能拿福音书讨价还价，出卖圣灵，把基督徒聚集的教堂变成一个买卖东西的铺子吗？我们不会把钱给穿黑衣服的人，好让他们帮助我们的穷人、埋葬我们的死者、向信徒们说教。这些神圣的职责对于我们来说太重要了，我们不会交给别人去承担的。"

我又坚持说："但是，你们怎么能分辨得清楚呢？你们是在圣灵的指导下讲话的吗？"他说："无论是谁祈求上帝的灵光指示，并对公众宣布他感觉到的福音真理，我们都希望他的确是在上帝的感召之下这样做的。"说到这里，他又引述了很多《圣经》中的话，他认为，《圣经》中的这些话证明，如果没有神的直接启示，便不会有基督教。而且他还补充说了几句值得注意的话："当你移动手脚的时候，难道是你自己的力量在使手脚动弹的吗？当然不是，因为我们的四肢常常会有些不由自主的动作。因此，正是创造了你的身体的上帝，使得这个用泥土做成的身体动弹起来的。还有你的心灵接受的思想，难道是你自己产生了这些思想的吗？也不是，因为这些思想是不由自主地来到你的头脑当中的。因此，正是创造了你的灵魂的上帝给了你思想的。但是，因为上帝让你的心有了自由，所以上帝给你的思想，是你的心应该得到的。你在上帝的氛围中生活，你也在上帝的氛围中行动、思想。你只要睁开眼睛，看到指引着所有人的光明，你就会看到真理，也会让别人看到这个真理。”“哎，这纯粹就是马勒伯朗士[①]神父的说法啊！”我情不自禁地叫道。“我知道你说的这个马勒伯朗士，”他说，“他的思想有点像贵格会的信徒，但并不完全是。”关于贵格会信徒们的教理，这是我听说过的最为重要的东西。在我的第一封信中，你已经看到了他们的历史。你一定会认为他们的历史比他们的教理更加奇怪。

① 尼古拉·马勒伯朗士(Nicolas Malebranche，1638—1715)：法国唯理主义哲学家。

第三封信：关于贵格会信徒

你已经听说过，贵格会的信徒在耶稣基督的时代就有。他们认为，耶稣基督就是第一个贵格会的信徒。他们说，在耶稣基督死后，宗教几乎已经腐败了，而且就这么腐败了大约一千六百年。但是，总有那么几个隐藏在人世间的贵格会信徒，他们保存了在世上其他的地方已经熄灭了的圣火，一直到 1642 年，他们才终于让圣火之光在英国成为燎原之势。

当大不列颠被三四个教派以上帝的名义发起的内战打得四分五裂的时候，莱塞斯特公爵（comté de Leicester）领地上有个名叫乔治・福克斯[①]的人，他父亲是丝织业的工人。乔治・福克斯突然对人们说，他要像个真正的使徒那样向人们传教。他说的像使徒一样，就是指像使徒们一样既不会读书，也不会写字。他是个二十五岁的年轻人，品行无可指摘，心怀狂热的信仰。他从头到脚穿着皮制的衣服，走村串乡，毫不掩饰地反对战争，反对教士。如果他只是反对战争，倒也不会有什么危险；可是他还反对教士，所以不久便被关进了监狱。后来，他被带到戴尔巴初级法院。福克斯见法官时，头上还戴着皮制的帽子。司法警察打了他一个大耳光，

① 乔治・福克斯（George Fox，1624—1691）：英国新教徒，贵格会创始人。

对他说:“臭要饭的,你不知道见法官大人的时候要脱帽吗?”福克斯把另一边的脸凑上来,请求司法警察看在上帝的份儿上,再打他一个耳光。在审问之前,戴尔巴的警察想让他发誓。他对法官说:“朋友,你要知道,我从来不会平白无故地提到上帝的名字。”法官见这人对自己讲话的口吻毫无敬意,便叫人把他送到疯人院,让他去受鞭刑。乔治·福克斯一边赞美上帝,一边去了疯人院;疯人院里有人毫不含糊地执行了法官的判决。打完之后,他又请执行鞭刑的人再多打他几鞭子,好拯救他的灵魂,这让执行鞭刑的人吃惊不小。这些人二话不说便又打了起来。福克斯受了双倍的刑罚,还真心实意地感谢不尽。他开始对这些人说教起来。开始时,人们笑他,笑着笑着,便开始认真听他说教了。因为热情是一种可以传染的病,有几个人便被他说得动了心。就这样,用鞭子抽打他的人成了他的第一批信徒。

从监牢中被放出来之后,他与十来个新收的信徒在乡下四处游走,为反对教会而向人们说教。他经常遭受鞭打。有一天,当他被绑起来示众的时候,他声情并茂地对公众说教起来,有五十来个听众皈依了他的宗教,其他的听众也开始对他十分关心。混乱中,人们将捆绑他的绳索解开,又去找那个仗势迫害他的圣公会神甫,而且把神甫绑起来示众。

他还大胆地让几个克伦威尔的士兵皈依了他。这几个士兵离开了军队,并拒绝宣誓。克伦威尔不喜欢那种没有战斗精神的教派,正如教皇西克斯特五世[①]预言说的那样,“没有男女私情”的教

① 西克斯特五世(Sixte-Quint,1520—1590):罗马教皇,1585—1590在位。

派,是不会有什么好结果的。克伦威尔利用权势迫害这些人,把他们都关进监狱里。但是,你越是迫害某个教派,这个教派的信徒人数反而越多。被关押的人从监狱里出来之后,声誉反而更加响亮,就连看守他们的狱卒也皈依了他们。不过,这个教派的声势之所以日益扩大,是福克斯自认为受到了神的启示。因此,他认为应该以有别于其他人的方式讲话。于是他开始在讲话时全身发抖,装腔作势,挤眉弄眼,忽而屏息静气,忽而粗声大叫。就是德尔斐的女祭司,也比不上他的神气活现。时间不长,他便习惯了表演神的感召。而且没有过多久,除了装神弄鬼,他再也不会以别的方式讲话了。这是他传授给信徒们的第一种才能。信徒们真心诚意地像主子一样,极尽挤眉弄眼之能事,在受到神的感召时,浑身上下不停地剧烈抖动。所以人们才称他们为"quaker"[①],这个词本来就是指"身体抖动者"的意思。老百姓常模仿他们的样子,逗人开心玩。人们全身上下抖个不停,囔囔着鼻子讲话,装腔作势,便自以为有圣灵附体了。但要让别人相信,得有奇迹。于是他们便编造了一些奇迹。

教主福克斯当着众人的面,公开地对审判官说:"朋友,你要当心,你迫害圣人,上帝不久会惩罚你的。"这个审判官是个酒鬼,天天喝有伤身体的啤酒和烧酒。两天之后,他在刚刚签署了关押几个贵格会信徒的判决书之后,便突然中风而亡。人们不认为审判官的暴毙是因为嗜酒过度,都说是圣人的预言实现了。

---

① "quaker"一词音译为"贵格会信徒",也意译"贵格会信徒",正如后文所说,词的本意是"身体抖动者"。

审判官的死，比成百上千次的说教和装腔作势的表演更加有效，贵格会的信徒更多了。克伦威尔眼见贵格会的信众日益增多，便想把这些人拉过来，为己所用。他传话说要给他们金钱，但是这些人拒绝被腐蚀。有一天克伦威尔说，这是他唯一没能用金钱战胜的宗教。

在查理二世时期，他们有时候也会受到迫害，不是因为宗教的问题，而是因为他们不向教会支付什一税，因为他们不用尊称“您”称呼法官，因为他们拒绝按照法律的规定宣誓。

最后，苏格兰人罗伯特·巴克莱(Robert Barclay)于 1675 年向国王递交了《贵格会信徒辩护书》。这是一本非常好的作品。这本题词献给查理二世的作品的内容，不是庸俗的奉承，而是大胆地说出了真话、提出了恰当的好主意。

罗伯特·巴克莱在这份书信最后对查理二世说：“你领略过甘苦，经历过盛衰。你曾被你统治的国家驱逐。你曾体会到压迫的分量，因此你应当知道在上帝和人的面前，压迫者是多么可恨。在你不得势的时候，上帝还记得你；在经历过如此多的磨难和祝福之后，你的心若变得硬如铁石，你若忘记了上帝，你的罪恶将更加深重，你的刑罚也将更加可怕。因此，不要听你宫中那些阿谀奉承者的话，还是听听你的良心怎么说吧，你的良心永远不会奉承你。你忠诚的朋友和臣子巴尔克莱。”

更加令人感到吃惊的是，这封由无名百姓写给国王的信竟然奏效了，迫害由此戛然而止。

第四封信:关于贵格会信徒

大约就在这个时期,出现了著名的威廉·宾[①]。威廉·宾为贵格会在美洲的势力奠定了基础。而且如果人们不只看可笑的外表,而是敬重内在品德的话,贵格会在欧洲也会受人尊敬的。威廉·宾是英国海军少将、骑士宾的独生子。自从詹姆士二世以来,海军少将宾一直是约克公爵的宠臣。

威廉·宾十五岁在牛津读书的时候,与一个贵格会的信徒不期而遇。那个贵格会的信徒说服了年轻的威廉·宾。年轻人十分活跃,生来一副好口才,看相貌和举止便像个贵族中人,很快便赢得了一些同学的好感。不知不觉当中,他建立了一个年轻的贵格会团体,在他家里聚会。所以刚刚十六岁的他,便成了这个教派的领袖。

中学毕业后,他回到当海军少将的父亲的家中。他没有像一般英国人那样,跪在地上请求父亲的祝福,而是见了父亲的面,连帽子也不摘,还说:"朋友,看你身体不错,我很高兴。"海军少将以为儿子疯了,后来才发现他只是变成了贵格会的信徒了。父亲极

① 威廉·宾(Guillaume Penn,1644—1718):英国早期贵格会信徒,北美宾夕法尼亚殖民地的开创者。

尽谨慎之能事,想让儿子像别人一样生活。可是儿子却鼓动父亲也参加贵格会。

最后,父亲只得退而求其次,只要求他去见国王和约克公爵的时候能够摘下帽子,不要用缺乏敬意的"你"称呼人家。威廉回答说,他的良知不允许他这样做。父亲被气坏了,又束手无策,便把他赶出了家门。年轻的宾感谢上帝,认为这是他为事业付出的代价。他到城里去传教,收了很多信徒。

牧师们通过说教,每天都在宣传群众。因为宾年轻、俊美、身材生得匀称,宫中和城里的妇女都怀着虔诚的心跑来听他说教。教主乔治·福克斯也从英国内地慕名到伦敦来见他。两个人决定到外国去传教。他们留下一些工人照顾伦敦的葡萄,便乘船来到荷兰。他们的传教活动在阿姆斯特丹很受欢迎。不过,使他们最感荣耀的,也让他们的谦逊受到最大考验的,是英王乔治一世的姑母伊丽莎白·帕拉亭公主[①]接见了他们。公主有思想、有知识,是闻名天下的人物,笛卡尔的哲理小说也曾题辞献给她。

伊丽莎白·帕拉亭公主当时正退隐在海牙,她也是在海牙接见了这些朋友的。当时荷兰人称贵格会的信徒为"朋友"。她与他们会谈过好几次,他们也经常在她家里传教,虽然他们没能让她成为一个十足的贵格会信徒,但他们也承认,她离天国已经不太远了。

朋友们在德国也撒播了种子,但是收获得很少。德国人讲话

① 伊丽莎白·帕拉亭公主(princesse Palatine Elisabeth,1597—1660):英王乔治一世的姑母。

时口口声声“殿下”、“阁下”,不太赞赏毫无敬意地称呼别人的行为。听到父亲生病的消息,宾很快又回到英国,为父亲送终。海军少将与儿子和解,并且深情地拥抱了他,虽然两人信奉的宗教不同。威廉鼓动父亲不要接受圣礼,临终做个贵格会的信徒。而父亲则徒然劝告儿子穿带袖扣的衣服,戴装饰有金银线的帽子。

威廉继承了大笔的财产,其中也包括皇家的欠债,那是海军少将在几次海军远征时支付的垫款。国王欠的钱,在当时是根本不能指望他会还的。为了讨债,宾不得不去见查理二世及其大臣们,而且去了不止一次。英国政府没有钱给他,却于1680年把美洲麦尔郎南边一个行省的产权和主权给了他,贵格会的信徒便这样成了君主。他出发到新国家去的时候,还带了两条船,船上坐满了与他同行的贵格会的信徒。从那时起,人们便用宾的名字,把这个地方称为“宾夕法尼亚”。他在那里创建的费城,如今已经是一个十分繁荣的城市。他开始先与邻邦美国人结盟。这是这些人与基督徒之间签订的唯一一个没有经过发誓,也没有被打破的条约。新的君主也是宾夕法尼亚的立法者。他制定了开明的法律,这些法律后来从未有过变化。第一条法律就是不允许以宗教的名义虐待任何人,而且所有信奉神明的人都是兄弟。

他的政府刚刚建立起来,美洲的一些商人便移居到这里。本地的土著没有逃到森林中去生活,而是无形中慢慢习惯了与平和的贵格会信徒们共处。当地的土著憎恨征服和破坏美洲的基督徒,也喜欢这些新来的人。没有过多久,很多被别人视为野人的土著,为心性平和的邻居所吸引,成群结队地找来,要宾接受他们为臣子。人们可以平等地对这个君主以“你”相称,见君主时不用脱帽；政府里没有教士，老百姓手中没有武器，除了法官之外，公民人人平等，邻里互相不嫉妒，那情景真是史无前例。

威廉·宾可以夸口说，他为人世间带来了黄金时代。人们谈论了那么多年的黄金时代，也许只存在于宾夕法尼亚。查理二世死后，他又回到英国，为新的国家处理国事。英王詹姆士曾经很喜欢他父亲，现在对儿子也情深意切，已经不把他当成是一个默默无闻的教派信徒，而是把他看成一个十分伟大的人物。在这一点上，国王的政策与兴趣倒是一致的。他想讨好贵格会，废除迫害非国教的其他教派信徒的法律，以便借助这股自由的空气，引入天主教。英国所有的教派都明白这是个陷阱，不愿意上当受骗。各个教派仍然团结一致，反对共同的对头天主教。但是宾不会放弃自己的原则，不会为了拥护对他恨之入骨的天主教而反对喜欢他的国王。他在美洲已经建立了信仰自由，不想在欧洲让人认为他是破坏这种自由的人。因此，他仍然忠实于詹姆士二世，使得一般人都认为他是耶稣会的人。这种诽谤让他心中着实感到难过，不得不发表一些文章否认。但是倒霉的詹姆士二世和斯图亚特家族的很多人一样，既伟大又怯懦，事事插手却又什么事也抓不住，结果糊里糊涂就把王国给葬送了。

英国各个教派不愿意接受詹姆士二世给予的自由，但是，当威廉三世及其议会提供相同的自由时，人们却欣然接受了。于是，在法律的支持之下，贵格会的信徒开始享有他们在今天拥有的所有特权。宾看到自己的教派在家乡顺利地建立起来，便回到宾夕法尼亚。他的信徒和美洲人含着喜悦的泪水欢迎他，好像他是回家看望孩子的父亲。他不在时，人们毕恭毕敬地遵守他制定的法律，这种情况还是史无前例的。他在费城待了几年。但他终于不得不离开费城,到伦敦去,要求英国给予宾夕法尼亚人通商的优惠。从那以后,他便始终生活在伦敦,一直到耄耋之年,人们把他看成是一个民族和一个宗教的领袖。到了1718年,他才弃世而去。

宾夕法尼亚的产权和管辖权留给了他的后代。后代人以一万两千英镑的代价,将宾夕法尼亚的管辖权卖给了英国国王。在这笔生意的交易当中,英国国王只给了一千英镑。法国的读者可能会认为,英王的内阁会支付其他款项,并控制宾夕法尼亚的管辖权;其实不然。因为王室没有在规定的时间支付全款,契约被宣布无效,宾的家族仍然拥有对宾夕法尼亚的权利。

我不知道贵格会的宗教在美国将来命运如何。但是我可以看到,它在伦敦日益没落。不管在哪个国家,占主导地位的宗教即使不迫害异教,也迟早会吞并其他的宗教。贵格会的信徒不能出任议会的议员,也不能担任任何公职,因为那是要宣誓的,而他们不愿意发誓。他们不得不通过做生意挣钱。他们的后代通过父辈的事业发了财,只愿意享受,贪图荣华,追求名誉和地位,为了赶时髦,也就加入了天主教。

第五封信：关于英国圣公会[1]

英国是个教派林立的国家。一个英国人是自由的人，他会选择自己喜欢的道路走入天堂。

然而，虽然在这里每个人都可以按照自己的方式为上帝效劳，但是他们真正的宗教，能够让人发财致富的宗教，还是主教派的宗教，人们称之为英国圣公会，或者杰出的教会。不管是在英格兰还是在爱尔兰，如果不是圣公会的信徒，那你就找不到工作。这是理由，也是证据，很多非国教的信徒都皈依了国教，所以今天，除了圣公会的信徒之外，其他教派的信徒人数尚不足国民的二十分之一。

英国圣公会采纳了很多天主教的仪式，尤其是在一丝不苟地向教徒征收什一税方面。他们还以虔敬的名义，处处想当主人。

另外，他们还尽可能地挑动信徒们与非国教的教徒作对。在安娜女王的晚年，托利党当权的时候，人们反对异教的情绪还十分强烈。但也就仅仅局限于打碎几块异教徒教堂的玻璃而已。因为

---

① 圣公会(Church of England)：又名安立甘宗(英国国教，英语：Anglicanism)，常用名"安立甘教会"(盎格鲁教会，Auglican Church)或"主教制教会"(主教会，Episcopal Church)，是基督教的新教宗派之一。

随着内战的结束,英格兰的教派狂热已经结束,在安娜女王时期,教派冲突已是强弩之末,正好比暴风雨过后,海里的浪涛虽然不会马上平息,但沉闷的涛声已是渐行渐弱了。辉格党和托利党之所以将英国搞得四分五裂,正如从前意大利的归尔甫派(les Guelfes)和吉伯林派(les Gibelins)[①]之间的争斗一样,必定是由于宗教插手其中了。托利党的人拥护主教制;而辉格党的人则想废除主教制,但是辉格党人当政的时候,也仅仅是压抑主教派而已。

在牛津的哈雷伯爵(comte Harley d'Oxford)和博林布罗克(Bolingbroke)让托利党盛极一时的时候,英国圣公会把托利党人看成是神圣特权的捍卫者。那时的下层神职人员会议,从某种意义上是由神职人员组成的下议院,在当时颇有些威望;至少下层的神职人员有集会的自由,能够以一些争议为题进行辩论,常常也可以焚毁一些不敬神的图书。这里说的不敬神,其实指的是对自己不利。今天的辉格党内阁不仅不允许这些人集会,还逼得他们不得不躲在教区里,不声不响地祈求上帝保佑政府,而本来若是按照他们的心愿,能给政府捣捣乱,他们是不会不高兴的。当时的主教一共有二十六位,虽然辉格党反对他们,可他们照样在上议院有席位,因为古老的流弊仍然存在,仍然认为主教具有贵族的地位。但是,他们在议院的权力比不上巴黎的公爵和元老们在高等法院的权力多。在他们发誓效忠国家的誓词当中,有一条颇能锻炼这些人作为基督徒的耐心。

① 归尔甫派和吉伯林派:又称教皇派与皇帝派,是指位于中世纪意大利中部和北部分别支持教皇和神圣罗马帝国的派别。

这些人在宣誓时，要承诺服从法律规定的教会。凡是主教、教长、总司铎，没有不认为自己是享有天赋神权的。因此，凡是受到逼迫，不得不承认自己要依附于由非教会的俗人制定的倒霉法律的人，心中都会感到十分恼恨。有个人（其实这个人就是古莱耶神父）不久前写了一本书，想证明圣公会圣职受任的有效性和连续性。这本书在法国被查禁。但是你以为英国内阁会喜欢这种书吗？当然不会。这些可恶的辉格党人才不管英国是否实行过主教继承制，也不管派克主教是在小酒馆里还是在教堂里祝圣领任的。有人传说祝圣的仪式是在小酒馆中举行的。他们只希望主教们的权威来自议会，而不是来自使徒。勋爵博某说，天赋神权的思想只能造就披着主教外衣的暴君，而只有法律才能成就公民。

关于生活习惯，圣公会的神职人员比法国的教士们更加规矩，原因是这样的：所有的神职人员都是在牛津大学或者剑桥大学培养的，那里远离了首都的腐败；他们是在很久之后才应召担任教会职务的，这时他们已经落入再也无法实现抱负的环境当中，到了只有吝啬，再也没有其他激情的年龄。在教会中服务多年之后的报酬，就是给你个工作，这和在军队服役多年之后的结果是一样的。英国很少有中学毕业之后就当主教或者上校的年轻人。另外，教士们几乎都是结过婚的。他们在大学里养成了呆板的习惯，与女人的交往又比较少，所以一般来说，一个主教不得不满足于自己的妻子。教士们有时候也去酒馆喝酒，因为按照常规这是允许的。他们常常喝得酩酊大醉，但并不会因此而遭到非议。

那种非教非俗，说不清道不明的人，总而言之一句话，那种我们称之为神甫的人，在英格兰是没有的。神职人员几乎个个都是行为审慎的人,而且几乎个个都是学究。据说在法国,一些人所共知的放浪不羁的年轻人,借助女人的阴谋操纵,当上了高级教士,与女人公开地谈情说爱,写些淫辞艳曲来取乐,天天在十分讲究的晚餐上花费很长时间,晚餐后再去祈求圣灵的启示,而且还大胆地称自己是使徒的继承者;听说这些之后,他们感谢上帝,庆幸自己是耶稣教的教徒。但是正如弗朗索瓦·拉伯雷[①]大师说的那样,其实这都是些可恶的异端分子,该送上火刑堆烧死的家伙。所以我是不会插手他们的闲事的。

① 弗朗索瓦·拉伯雷(François Rabelais,1483～1494 生—1553):法国作家。

第六封信：关于长老会[①]信徒

英国圣公会的势力范围只延伸到英格兰和爱尔兰。长老会在苏格兰是占据主导地位的宗教。其实长老会就是不折不扣的加尔文主义，和加尔文曾在法国建立的教派，和今天仍然存在于日内瓦的教派一样。因为这一教派的教士从教堂领到的俸禄极低，因此没有办法像主教们一样过奢华的生活，自然而然地也就公开反对他们得不到的荣耀。自命不凡的第欧根尼[②]斥责柏拉图的傲慢，你想想那会是什么情景；苏格兰长老会的信徒很像是那个自豪而一无所有的理论家第欧根尼。他们对待查理二世的态度远比第欧根尼对待亚历山大的态度要傲慢多了。因为，当他们为了查理二世拿起武器，反对欺骗了他们的克伦威尔时，他们每天要让可怜的国王忍受四次说教，他们禁止国王打牌，让国王忏悔，结果没有过多久，查理便对这些学究们厌烦透了，像学生逃学一样从他们手中逃脱了出来。

法国教会法学院的学生年轻而活泼，上午在学校里扯着嗓子背神学，晚上又与太太们一起唱歌；与他们相比，英国圣公会的

---

① 长老会(Presbyterianism)：是新教的一个流派，根源于十六世纪的苏格兰改革运动。长老教会持守加尔文主义。

② 第欧根尼(Diogène)：古希腊哲学家，犬儒学派代表人物。

神学家简直就像加图[①]一样严谨而刻苦。但是与苏格兰长老会的信徒相比,英国圣公会的加图又像个风流人物了。苏格兰长老会的信徒走路时故意慢慢腾腾,脸上的表情总像是在生谁的气,戴一顶大帽子,短短的衣服外面又罩了一件长长的大衣,说教时鼻音很重。在有的教堂里,有些神职人员有幸可以领到五万里弗的年金,当地的民众心眼又很好,能够容忍这些人,称这些人主教、阁下、大人。长老会的信徒们便把这些教堂骂得狗血淋头。

这些先生在英格兰也有几座教堂,让庄重和严肃的仪表在英格兰也成了时尚。正是由于他们,英伦三岛才有了礼拜日的规矩;人们在礼拜日这天不许劳动,不许娱乐,这比天主教的教堂要严格得多。伦敦的礼拜日这天没有歌剧,没有喜剧,没有音乐会。连打牌也是明令禁止的,只有那些有身份的人和绅士,才能在这一天打打牌。全国所有其他的人都要去听说教,去酒馆喝酒或者去找妓女。

在大不列颠,虽然占主导地位的教派是主教派和长老会,但所有其他的教派也很受欢迎,大家相处得很和睦,只是讲道者互相怀恨在心,而且其真挚程度正好比冉森派的信徒臭骂耶稣会的信徒时一样。

请走进伦敦的交易所,这个地方比很多宫廷更加令人尊敬。你在交易所中会看到为了功利而聚集起来的各个民族的人。在交易所里,犹太教的教徒、伊斯兰教的教徒和基督教的信徒相互之间在打交道时,就好像他们是属于同一宗教的人一样,只有那些破产

① 加图(Caton):戏剧中的人物,生活在罗马凯撒时期,以生活严谨著称。

的家伙才被称作是异教徒。在交易所里，长老会的信徒信任再洗礼派的信徒，圣公会的信徒也接受贵格会信徒的诺言。等这些和平、自由的聚会结束后，有的人去了犹太教的礼拜堂，也有的人去喝酒；有的人以圣父的名义，到一个大水槽里去接受圣灵之子的洗礼；也有的人让人去割掉儿子的包皮，任凭人家对着儿子念念叨叨，说几句他根本听不懂的希伯来语；有的人到教堂里去，头上戴着帽子静静地等待上帝的感召；不管是干什么的，大家一概都很高兴。

如果在英格兰只有一种宗教，那恐怕是要出现专制的。如果有两种，那它们会打得你死我活。可是这里有三十种宗教，各个宗教之间便相处得十分和睦而幸福了。

第七封信：关于苏西尼教[①]派的信徒或者阿里乌斯教[②]派的信徒，或者反三位一体教[③]派的信徒

这里有一个很小的教派，是由一些神职人员和十分有学问的在俗人士组成的，这个派别不叫阿里乌斯教派，也不叫苏西尼教派，但是他们不赞成圣亚塔纳修[④]关于三位一体的意见，而且会明确地告诉你，圣父比圣子要伟大得多。

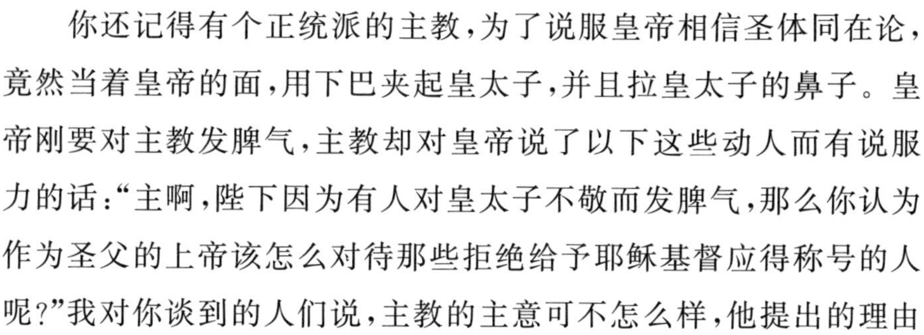

你还记得有个正统派的主教，为了说服皇帝相信圣体同在论，竟然当着皇帝的面，用下巴夹起皇太子，并且拉皇太子的鼻子。皇帝刚要对主教发脾气，主教却对皇帝说了以下这些动人而有说服力的话：“主啊，陛下因为有人对皇太子不敬而发脾气，那么你认为作为圣父的上帝该怎么对待那些拒绝给予耶稣基督应得称号的人呢?”我对你谈到的人们说，主教的主意可不怎么样，他提出的理由

① 苏西尼教：16—17世纪发源于波兰的一种反三位一体的基督教学派。

② 阿里乌斯教：公元四世纪由一名亚历山大里亚的基督教牧师阿里乌斯创立。该教派争论的焦点在于“三位一体”，他们认为耶稣的地位低于圣父。

③ 反三位一体教：该教派的信徒认为“三位一体”的理论并没有上帝根据。

④ 圣亚塔纳修(saint Athanase，296—373)：埃及亚历山大城的主教。

是站不住脚的，皇帝应该回答说："你要知道，有两种方式对我都是不敬的：第一种是对我的儿子不够尊敬，第二种是对我的儿子和对我一样尊敬。"

不管怎么说，阿里乌斯教派在英格兰以及荷兰和波兰都开始复活。对这种意见，伟大的牛顿是赞成的。这位哲学家认为，一位论教派的信徒们在考虑问题时比我们更加严格。不过阿里乌斯教派最为坚定的保护神，是著名的克拉克博士①。这人道德严谨，性格却很温和，对自己的意见只是喜欢，而不是狂热，不会拉拢一些信徒，只是忙于论述和证明，是一架真正的论证的机器。

他写过一本关于上帝存在的书，对这本书心领神会的人不多，但还是很受人看重。他还写过另外一本关于基督教的真实情况的书，其内容倒是很好懂，但是颇为人所轻视。

他没有参与经院派的那些争论，我们的某某朋友称这些言辞优美的争论是"真正的无稽之谈"。他只是印行了一本书，里面列举了古人赞成和反对一位论的一些证据，任凭读者自己去评判谁是谁非。很多人因这本书而成了博士的拥护者，但博士因此也当不成坎特伯雷的大主教了。我认为博士打错了算盘，与其当个阿里乌斯教派的神甫，还不如当英格兰的大主教。

你看，不管是在舆论中还是在各个教派，都发生了重大的变化。经过三百年的极盛时期，又被遗忘了一千二百年之后，阿里乌斯教派终于死灰复燃。只是生不逢时，这个时代的神学争论和教派已经让世人感到厌烦了。阿里乌斯教派还太弱小，无法随心所

① 克拉克博士(Samuel Clarke，1675—1729)，英国哲学家，圣公会教徒。

欲地召集公开的集会。等将来人数多了，无疑是可以自由集会的。不过，现在的人大都不温不火，一个新的或者重新恢复的宗教难得有发达的机会。路德(Luther)、加尔文(Calvin)、茨温利[①]倒是写过不少书，但人们没法读，他们创立的教派在欧洲各据一方，无知的穆罕默德为亚洲和非洲创立了宗教，而且像牛顿、克拉克(Clarke)、洛克(Locke)、勒·克莱[②]之类的先生们，在当时都是最伟大的哲学家和最优秀的作家，一个个费尽九牛二虎之力，才在自己麾下聚起一群为数不多的人，而且还在日渐减少。这难道不是十分有趣的事情吗？

这就是来得早不如来得巧。即使德·莱兹红衣主教[③]重生再世，也未必能在巴黎挑唆起十个女人的激情。克伦威尔[④]生前虽然砍过国王的头，而且自立为君主，如果他重生于世，也只能是个伦敦的普通商人吧。

① 茨温利(Zwingle，1484—1531)：瑞士新教运动的改革家。

② 勒·克莱(Le Clerc，1652—1728)：日内瓦人，著有《医学史》。

③ 德·莱兹红衣主教(cardinal de Retz，1613—1679)：法国政治家。

④ 克伦威尔(Cromwell，1599—1658)：英国革命家、政治家。

第八封信：关于议会

英国议会的议员们动不动就喜欢把自己和古罗马人相提并论。

不久之前，希浜先生（M. Shipping）在下院讲话时一开始是这么说的：英国人民的尊严会受到伤害的，如此等等。其用词之怪诞，引得人们哄堂大笑。但是希浜先生并没有感到难堪，而是坚定地把同样的话又重复了一遍，于是人们便不再笑了。我承认，我看不出英国人民的尊严和古罗马人的尊严之间有任何共同之处，英国政府和古罗马政府之间就更没有什么共同点。伦敦有个上院，上院的一些议员被怀疑（他们无疑是被冤枉的）有时候会出卖自己的投票权，古罗马的时候也有人这么干，如果说两者之间有什么相似之处，也就仅此一条而已。况且我认为两个民族有天壤之别，不管是在好的方面，还是在坏的方面。古罗马人从来没有发疯到为了宗教而打仗。只有那些谦卑而忍耐、喜欢说教的信徒才会犯下这种滔天大罪。马略和苏拉，庞培和凯撒，安东尼[①]和奥古斯都（Auguste）都不会为了决定祭司的衬衣是该穿在法衣的里面还是

---

① 马略（Gaius Marius，公元前 157—前 86），苏拉（Lucius Cornelius Sulla，公元前 138—前 78），庞培（Gnaeus Pompé，公元前 106—前 48），安东尼（Marcus Antoine，约公元前 83—前 30）：均是古罗马的政治家和军事统帅。

外面,圣鸡是又吃又喝,还是只吃不喝才能预示凶吉而打仗。英国人从前就曾为了这一类的争吵而把审判官送上绞刑架,也曾对阵叫板,互相厮杀。主教派和长老会派曾经让这些头脑严肃的人物丧失理智。我想他们不会再干同样的傻事了。我觉得他们吃一堑、长一智,从今往后不会再为一些鸡毛蒜皮的事互相残杀。

这是罗马和英国之间一个更加根本性的区别,这种区别对英国倒是十分有利,因为罗马内战的结果是奴役,而英国动乱的结果是自由。英国民族是天下唯一通过抵制国王而解决了国王的权力问题的民族,而且通过不断的努力,最终建立了一个明智的政府。在这个政府的体制当中,君主做好事时权力无限,想干坏事时,手脚就被捆了起来;老爷们有地位,却不狂妄,也没有家臣,而且人民可以心安理得地参与国事。

上院和下院是国家的主宰,而国王则高居于主宰之上。古罗马人就没有这种制衡,罗马的贵族和平民之间总是分裂的,缺乏一种中间势力来弥合两者之间的裂隙。罗马的元老院傲慢得无缘无故,令人谴责,丝毫不肯与平民分享权力。为了让平民远离权力,元老院没有别的诀窍,只会让平民们无休止地与外国人打仗。贵族把人民看成是一头猛兽,必须不停地驱使它去撕咬邻居,否则它就会咬主子。因此,古罗马人的政府最大的毛病就是让平民成了征服者;因为这些平民在自己家里是不幸的,所以才成了世界的主人,直到他们自己的分裂最终使他们成了奴隶。

英国政府从本质上无法成就如此灿烂的光辉,也不会陷入如此悲惨的结局。其目的不是为了在疯狂中一鸣惊人,去征服世界,而是为了不让邻国来征服自己。英国人民不仅酷爱自己的自由,也酷爱别人的自由。英国人之所以疯狂地反对路易十四，只是因为他们认为路易十四有野心。他们心甘情愿地与路易十四打了一仗，显然不是为了贪图什么利益。

英国的自由是付出了代价的。专制权力的偶像被淹死在了血海之中。但是，不管以多高的代价换来好的法律，英国人都不认为是过分的。其他的国家也没少经历动乱、也没少流血，但是，其他国家为自由的事业而流的血只是进一步巩固了这些国家的奴役。

在英国成为一场革命的，在其他国家只不过是一场骚乱。不管是在西班牙，还是在柏柏里或者土耳其，一个城市为了捍卫自己的特权时，马上就会有雇佣兵来制服它，就会有刽子手来惩罚它，而且全国上下都来祝福为它戴上的镣铐。法国人认为，这个岛国的政府搅起的波涛，比围在四周的海里的浪还大，事实果然如此。但是，这种情况只会发生在当国王挑起风暴，想主宰一艘船的航向，而其实他只不过是船上的首席驾驶员的时候。与英国相比，法国的内战时间更长，更加残酷，战争中的罪行更多。但是在法国所有的内战当中，没有任何一场战争以开明的自由为目的。

在令人憎恶的查理九世和亨利三世时代，内战的目的只是为了知道人们会不会成为吉斯家族(Guises)的奴隶。至于最近的一场巴黎之战，则一无是处。我似乎觉得那就像是一群中学生起来造学监的反，最终只落得个挨鞭子的结果。德·莱兹红衣主教(cardinal de Retz)不乏诙谐和勇气，只是用得不是地方，他莫名其妙地起来造反，无缘无故地煽动人们暴乱，结党自成一派，却又没有军队，为了搞阴谋而搞阴谋，挑起内战似乎只是为了开心。议会搞不清楚他究竟想干什么，也不知道他不想干什么。他忽儿下令征兵买马，忽而又把军队遣散；一会儿谈话咄咄逼人，一会儿又请人原谅；他悬赏要拿下马萨林红衣主教[①]的人头，紧接着又假模假式地吹捧他。我们在查理六世时代的内战是残酷的，神圣同盟的战争令人厌恶，而投石党的战争则显得可笑。

法国人对英国人责备最多的，是战胜者对查理一世的折磨，可是如果是查理一世有幸成了战胜者，他折磨对手时恐怕也不会手软。

不管怎么说，你看一方面（指英国），查理一世在两军对垒时败下阵来，成了俘虏，在威斯敏斯特被审问，被判决；另一方面（指法国），查理七世在领圣体时被主礼牧师毒死，亨利三世被一个修士刺杀，修士代表了一个党派的狂热，为了除掉亨利四世，有人密谋过三十次刺杀行动，并多次将行动付诸实施，最后终于让法国失去了这个伟大的国王。请你自己衡量这些谋杀的轻重，并判断其是非吧。

① 马萨林红衣主教（cardinal Mazarin，1602—1661）：路易十四时期的宰相。

第九封信:关于政府

英国政府内部权力的可喜交织,下院议员、贵族和国王的协调并不是一开始就有的。英国当过很长时间的奴隶,罗马人、撒克逊人、丹麦人、法国人都奴役过英国。尤其是征服者威廉,更是以铁的手腕统治过英国。征服者威廉像个东方的君主一样,支配着被征服的臣民的财产和生活。他禁止任何英国人晚上八点以后在家里用火和点灯,违犯者被处以死刑,还声称说这是为了防止他们夜间聚会,但也可能是想通过这项奇怪的禁忌,试一试一个人控制其他人的权力可以达到何种程度。

的确,英国在征服者威廉之前和之后都有议会。这些在当时就被称之为议会的会议是由宗教专制者、披着贵族外衣的强盗组成的,英国人以此为荣,似乎这些集会保护了自由和公众的幸福。

那些来自波罗的海沿岸,并在欧洲其他地方立足的蛮族人,带来了国会或者议会的习惯做法。对此,人们费过不少口舌,可真正了解的人少之又少。那时的国王并不专制,这倒是真的。可是老百姓受到可悲的奴役,遭受的痛苦只能更多。这些野人的首领们劫掠了法国、意大利、西班牙、英国,自立为君主,其将领瓜分了战败者的土地。因此,这些边塞省的总督、苏格兰的贵族、男爵、地方暴君才经常与国王争夺从百姓那里抢来的东西。这就像一群猛禽为了吸吮鸽子的血而与一只鹰发生的争斗一样。每个民族都有一百个暴君,而不是只有一个主子。教士们不久也来插手。高卢人、日耳曼人、英吉利岛民的命运始终就掌握在祭司和酋长的手中,而这些酋长就是原来的贵族,不过这些人不像继承了他们的衣钵的人那么专制。祭司自称是神与人之间的中间人,他们制定法律,把一些人开除出教,判人死刑。主教们渐渐在哥特人和汪达尔人的政府里继承了他们的世俗权利。教皇成了他们的头领,发布诏书、教谕,派出修士,把国王们吓得心惊胆战;教皇废黜国王,指使人暗杀国王,在欧洲竭尽敛财之能事。英格兰七王国的暴君之一,愚蠢的绮那斯(Inas)在一次去罗马朝拜的时候,首先屈服了,同意为领土上每一户人家支付一个德尼的捐献(一个德尼大约相当于我们现在的一个埃居)。不久,整个岛上的人便都依样向教皇付捐税了。英国慢慢成了教皇的一个行省。教皇不时派遣特使到那里去征收高额的税赋。没有土地的约翰最终把自己的王国拱手送给了曾经把他驱逐出教的教皇。可是贵族们因此而遭受了损失,又赶走了这个可悲的国王,把路易八世另立为王,路易八世就是法王神圣的路易的父亲。不过,贵族们不久便对新国王感到厌烦了,让他渡海回了老家。

贵族、主教、教皇们就这样把英国搞得四分五裂,都想控制人民,控制人当中为数最多、最有道德、因此也就是最值得尊敬的一些人,这些人是研究法律和科学的人,是商人,是手艺人,也就是除了暴君之外的所有的人,我想说的是,人民被这些人视为动物,其地位是在人之下的。所以,怎么说也得让平民参与政府的事务。平民就是百姓,他们的工作,他们的血都是属于主子的,他们的主子被人称为贵族。欧洲绝大部分人现在仍然和北方几个地方的人一样，是某个领主的奴隶，是人们随着土地可以随便买卖的牲畜。人们过了多少个世纪之后，才能够正视人的权利，才知道大多数人播种，只供少数人收获的状况是令人厌恶的。在法国，我们的国王用合法的权力打破了这些小小强盗们的势力，在英国则是国王和人民的合法权力取得了胜利，对于人类来说，这难道不是令人高兴的事吗？

在国王和大人物的争吵使帝国感到的震撼当中，各国戴在人民身上的镣铐或多或少地宽松了。从专制暴君的争吵中产生了自由。贵族迫使没有土地的约翰和亨利三世接受了那个著名的宪章，宪章的主要的目的，实际上就是让国王们依附于贵族，从而使除了国王和贵族之外的其他人略微得到些好处，以便让这些人遇事站在所谓的“保护者”一边。这部伟大的宪章被认为是英国自由的神圣源头，但我们从中却可以看出，得到承认的自由其实少得可怜。单是名称就证明，国王自以为拥有绝对的权利，而且贵族和神职人员之所以能够逼迫国王放弃这种所谓的权利，完全是由于他们强权在手。

大宪章一开头就说：“我们自愿将以下特权给予我们王国的大主教、主教、修道院院长和贵族”，等等。

在宪章的条款当中，一个字也没有提到下院，证明当时下院还根本就不存在，或者即使存在也没有权力。宪章中规定了英国的自由人的地位。由此而令人感到悲哀地证明，当时有的人还不是自由人。我们从第 32 条可以看到，这些所谓的自由人必须向领主提供徭役。像这样的自由还包含有很多奴役的成分。

在第 21 条，国王命令，从今往后，他的军官只能先付钱，才能征用自由人的车马，而且对于人民来说，这条规定是真正的自由，因为它废除了一项最大的专制权力。

亨利七世是个幸运的篡权者，也是伟大的政治家，他假装爱护贵族，实际上对他们怀恨在心，又很怕他们，便心生一计，想把他们出让的土地搞到手。这样一来，贱民后来便通过劳动获得了财产，有名的贵族们由于挥霍无度而破产，贱民便花钱买下了他们的城堡。所有的土地就这样渐渐易手改换了主人。

下院变得日益强大。原来的贵族门阀渐渐湮灭。英国的法律规定十分严格，只有那些有爵位的人才是真正的贵族，所以如果国王不经常授些新的贵族头衔，这个国家恐怕早就没有贵族了；现在的下院变得太吓人了，所以国王要维持贵族阶级，以让他们与下院对立。

所有这些成为上院议员的新贵族，从国王手里得到的，只是一个称号而已，其中几乎任何人都不再拥有其名号所指的采邑。有个贵族虽然名叫多塞特公爵（duc de Dorset），可是在多塞特郡没有一寸土地是属于他的。还有个伯爵的名号中有某个村子的名称，可是他连这个村子在哪儿都不一定知道得很清楚。他们在议会中有权利，在别的地方却没有。

你在这里听不到人们说什么高级法院、中级法院和初级法院，也没有人提到在某个公民的土地上打猎的权利，公民在自己的田地里也没有开枪的自由。

在这里，一个人不能因为是贵族或者教士就可以免交某些税赋。所有的税都由下院决定。下院论地位排在第二，但论信誉排在第一。

领主和主教们的确可以否决下院关于税赋的法案。但他们无权改动法案的一字一句,他们要么全部接受,要么全部否决。当法案得到贵族们的同意,也得到了国王的批准之后,所有的人都得照此交税。每个人不是按照其身份纳税(按照身份纳税的想法是荒唐的),而是按照其收入纳税的。没有人头税,也没有凭着一拍脑袋就决定的人口税,而是有多少土地,就实实在在地缴纳多少税。所有的土地都曾在著名的威廉三世时代评估过,而且是按照低于实际的价格进行评估的。

虽然土地的收入增加了,但是税额仍然没有变。因此,没有任何人受到压榨,没有任何人抱怨。农民的脚不会因为穿木鞋而被勒伤,农民吃得起白面包,穿得体面,不怕因为牲口数量的增加,或者屋顶上盖了瓦而在来年交更多的税款。这里有很多农民拥有大约二十万法郎的财产,而且不会自以为了不起就不种地了,他们靠种地发了财,靠种地生活得自由自在。

第十封信：关于商业

英国人靠商业富裕了起来，商业使英国人成了自由人，而且自由又反过来扩大了商业的范围，由此形成了国家的强盛。商业渐渐造就了海军的威力，而英国人是在有了海军之后，才称霸海洋的。现在，他们拥有差不多近两百艘战舰。也许后代人会感到惊讶，一个小小的岛国，论资源只有为数不多的铅、锡、漂白土和粗毛呢，却靠着商业变得强大起来，在1723年同时向世界三个遥远的地方派出三支舰队，一支派往被英国军队征服和占领的直布罗陀，一支派往贝尔多海港，去剥夺西班牙国王享有的印度财宝，第三支舰队派往波罗的海，以阻止北方强国之间的互相厮杀。

当路易十四让意大利害怕得发抖时，当路易十四的军队已经控制了萨伏依[①]和皮埃蒙特[②]，正在攻陷都灵时，欧仁亲王[③]不得不从德国腹地赶来，救援萨瓦公爵(duc de Savoie)。亲王当时身无分文，而没有钱，你是既不能攻城，也不能守城的。他向英国的商人求助。用了不到半小时的时间，他便借到了五千万，用这笔钱解救了都灵，打败了法国人，并给借给他这笔钱的人写了一封短信说："先

---

① 萨伏依：位于法国东南部和意大利西北部的一个地区。

② 皮埃蒙特：位于意大利西北部，首府是都灵。

③ 欧仁亲王(le prince Eugène，1663—1736)：神圣罗马帝国陆军元帅。

生们,我已收到你们的钱,而且很高兴钱的用途使你们感到满意。”

这一切使得英国的商人恰如其分地感到很自豪,而且不无理由地敢把自己与罗马的公民相比拟。因此,英国的贵族子弟是不会不屑于做生意的。英国国务大臣汤森爵士[①]有个弟弟便在都城经商,而且感到很满意。在牛津爵士[②]统治英格兰的时候,他的弟弟在阿勒颇当经纪人,后来他再也不愿意离开那座城市,最后便死在了那里。

这种习俗早就过时了,在顽固地坚持贵族世系的德国人看来,这显得有些怪诞。他们无法想象,一个贵族的子弟会成为有钱有势的资产者,而在德国,人们一个个都是亲王。我们看到,叫同一个名字的殿下就有三十多个,而他们拥有的财产,充其量只有徽章和自豪。

在法国,只要你愿意,你就可以当侯爵。从穷乡僻壤来到巴黎的人,只要是有钱的,只要名字当中带个“阿克”(ac)或者“依尔”(ill)的,开口闭口都可以说“像我这样的人”,“像我这种身份的人”,而且对生意人嗤之以鼻。生意人经常听到别人在言谈中蔑视经商,也就不会愚蠢到再脸红了。有两种人,一种是头上扑了不少粉的贵族,他们分秒不差地知道国王几点起床、几点睡觉,在大臣的候见室里假扮奴仆,还自以为了不得;另一种是商人,他们让国家变得富裕,从自己的商行向苏拉特和开罗发号施令,对世人的幸福生活做出贡献。我不知道这两种人哪一种对于国家更有益处。

---

① 汤森爵士(Milord Townshend,1674—1738):英国辉格党政客。

② 牛津爵士即罗伯特·哈利(Robert Harley):英国政治家,早先是辉格党人,后来加入了托利党,担任过财政大臣。

第十一封信：关于种牛痘

在欧洲的基督教国度，人们在暗地里说英国人疯了，说英国人丧失理智了。之所以说他们是疯子，是因为他们给自己的孩子种牛痘，以防止他们患牛痘；说他们丧失了理智，是因为他们甘心情愿地让孩子感染一种肯定无疑的、可怕的病，为的是防止一种不一定发生的疾患。而英国人则说："其他的欧洲人都是胆小鬼，都没有人性；之所以说他们胆小，是因为他们害怕让孩子忍受一点点疼痛；说他们没有人性，是因为他们不惜让孩子冒患天花而丧命的风险。"为了判断谁在这场争议中有道理，我们来说一说著名的种痘的故事。在英国之外的其他地方，人们一说起这事便惊恐万状。

切尔卡西亚[①]的妇女很早以前便有给孩子种痘的习惯，甚至于在孩子刚刚六个月的时候，就在孩子的胳膊上划开一道小口子，把她们小心翼翼地从别的孩子身上挑来的脓浆种进去。在种了痘的胳膊上，这点脓浆起到的作用，就像酵母对面团的作用一样。脓浆在胳膊上发酵，并把脓浆所携带的特质在全身的血液当中散布开来。这相当于人为地让孩子患上天花，孩子身上生出的痘苗再用来让别的孩子感染同样的病患。在切尔卡西亚，人们就这样循

① 切尔卡西亚(Circassia)：高加索西北的一个地区，当地人被称作切尔克斯人。

环往复地种痘。如果不幸在当地没有人患天花，人们会像遇到不好的年成一样，感到手足无措。

其他地方的人觉得这种习俗十分怪诞，但正是母爱和利益，使得人们在切尔克斯引入了这种做法。

切尔克斯人都是贫苦人，当地的女孩子却都是天生的美人儿。因此，这是当地人最大的生意。他们向大领主、波斯王的后宫提供美女，也向有钱买得起、养得起这种珍贵商品的人供货。他们把姑娘养大成人，教她们跳些勾魂摄魄、袅袅婷婷的舞蹈，送到大人老爷的家里，让她们使出风情万种的手段，重新燃起那些看破了红尘的老爷们的欲火。这些可怜的姑娘们天天与母亲一起重复功课，脑子里却懵懵懂懂，什么也不明白，就像我们的小姑娘背诵教理问答课本一样。

然而，经常有父母辛辛苦苦把孩子教育好了，却突然间大失所望，因为家里发生了天花。一个女儿死了，另一个瞎了一只眼睛，第三个虽然治愈，鼻子却肿得像头蒜。可怜的父母从此破了产，再没有别的指望。甚至经常发生的情况是，当天花成为瘟疫，买卖美人儿的生意会中断好几年，波斯和土耳其王室的后宫会因此而变得十室九空。

一个做生意的民族对利益的问题总是十分警觉的，而且不会忽视任何对生意有益的知识。切尔克斯人注意到，在一千个人当中，几乎没有一个人出过两次完整的天花，实际上第二次只是出那么三四个痘，不会两次都很严重和危险。总而言之一句话，人这一辈子从来不会患上两次这种病。他们还注意到，当天花表现得十分轻微，发出的脓包只是穿透细薄的表皮的时候，不会在脸上留下任何瘢痕。他们从实际病状的观察中得出结论,认为如果一个六个月或者一岁大的孩子患上一次轻微的天花,那孩子是不会死的,也不会留下痕迹,而且孩子一生一世便再也不会受到这种病的烦扰。

所以,为了保全孩子的性命和美貌,就只好让孩子早早的先得上一回天花。于是,人们便尽可能地找那种发得最透,同时又最容易发痘的患者,从患者身上挑来痘苗,种在孩子身上。这种办法百试百验。土耳其人本来就是有见识的人,不久便都采用了这种做法。今天,君士坦丁堡的达官贵人,没有哪一个是不在孩子断奶时给他种痘的。

有些人认为,切尔克斯人的这种习惯,是很久以前向阿拉伯人学来的。不过我们把这个历史问题留给本笃会的某位学者去研究吧,本笃会的学者一定会以此为题,旁征博引,写出好几卷对开本的大作来。我对此所要说的,只是在乔治一世初年,英国最有心智和勇气的妇女,沃特利·蒙塔古夫人①跟着丈夫出使君士坦丁堡,在当地生了一个孩子,便心生一计,毫无顾忌地给这个孩子种了痘。她的神甫对她说,基督徒不该做这种事,这种实验只有在不信教的人身上才能成功。可是神甫枉费了心机,沃特利夫人的儿子种痘后身体很好。这位夫人回到伦敦后,把她的经验告诉了威尔士公主②,威尔士公主现在是英国女王了。先不说公主的尊号和

① 蒙塔古夫人(Mme de Wortley-Montaigu,1689—1762):英国多才多艺的女作家。

② 威尔士公主(princesse de Galles,1683—1737):即勃兰登堡-安斯巴赫的卡罗琳(Garoline of Ansbach),是英王乔治二世的妻子。

女王的地位，这位公主天生就是个鼓励各种艺术，愿意为人做好事的人，是个有王位的可爱的哲学家。她一向不错过任何学习的机会，不错过任何行善的机会。她听说弥尔顿[1]的一个女儿还活着，而且生活贫困，当即便给她送去了可观的礼物。她保护了可怜的神父古莱耶[2]。她降尊纡贵，在克拉克博士和莱布尼兹先生之间做调停人。她一听说了接种或者种痘的事，便让人在四个被判了死刑的罪犯身上做试验，而且从双重的意义上说挽救了这四个人，她不仅免去了这四个人的死罪，而且还通过种痘，防止他们患天然的天花，否则他们很可能因染上这种病而死于非命。

公主认定这一试验的结果是有益的，便给自家的孩子也种了痘，整个英国一齐仿效。从那以来，至少一万名世家的子弟因女王和沃特利·蒙塔古夫人的缘故而保全了性命，很多女孩子也因此保全了相貌。

全世界每一百个人当中，至少六十个人患过天花。即使在年景最好的时候，这患病的六十个人当中，有二十个人会死于非命，二十个人会终生保留难看的瘢痕。由此看来，世上五分之一的人会肯定无疑地被这种病夺去性命或者容颜。而在土耳其和英国，如果不是因为别的原因残废或者死亡，没有任何人因天花而死，没有任何人被天花毁容。如果痘种得恰当无误，那么种过痘的人没有一个会得第二次天花。因此可以肯定的是，如果法国的哪位大使夫人将这种秘密从君士坦丁堡带回巴黎，会为整个国家帮个永

① 约翰·弥尔顿(John Milton，1608—1674)：英国诗人、思想家，著有《失乐园》。

② 古莱耶(père Courayer，1681—1776)：法国神学家，多年侨居英国。

久性的大忙。维勒基耶公爵[1],也就是今天的道蒙公爵[2]的父亲,在全法国身体最结实、最健康的人,或许不会在正当壮年之时便命丧黄泉。

身体同样十分健壮的苏比兹亲王[3],也就不会在二十五岁风华正茂的时候夭折。路易十五的祖父不会在五十岁的时候被埋葬。1723 年,巴黎死于天花的两万多人,今天也就仍然能够活着。唉! 难道法国人不热爱生命吗? 难道他们的妻子不担心自己的美貌容颜会被毁于一旦吗? 实际上,我们都是十分奇怪的人! 也许十年之后,如果本堂神甫和医生允许的话,人们会采纳英国人的这种办法。或者三个月之后,如果英国人由于朝三暮四而厌恶了种痘,法国人也许会凭一时兴起,种起痘来。

我听说中国人一百年前就已经开始这样做了。被认为是天下最明智、最文明的民族做出的榜样,是可以作为有效先例的。中国人的做法的确不一样。他们不是在皮肤上割开一道小口,而是通过鼻子将痘苗吸进去,像吸鼻烟一样。这种方法比较好受一些,但效果是一样的,同样可以证明,如果在法国实行了接种疫苗,可以挽救成千上万人的性命。

① 维勒基耶公爵(duc de Villequier,1691—1723):第四代道蒙公爵,又以维尔吉耶公爵的名衔著称。

② 道蒙公爵(duc d'Aumont,1709—1782):维尔吉耶公爵的儿子,也就是第五代道蒙公爵。

③ 苏比兹亲王(prince de Soubise,1697—1724):法国贵族,死于天花,不过他去世的年龄应该是 27 岁。

第十二封信：关于掌玺大臣培根

在不久之前一次著名的集会上，有人提出了一个老生常谈的轻浮问题：谁是最伟大的人，是恺撒、亚历山大、帖木儿还是克伦威尔等等。

有人回答说，毫无疑问是牛顿。这个人说得对。因为如果说真正的伟大是指从上天接受了超群的才智，并用这种才智照耀自己和他人，那么像牛顿这样一千年才出现一个的人，才真正是个伟大的人物。而那些每个时代都有的政治家和征服者，一般不过是些尽人皆知的坏蛋罢了。我们应该尊敬的，是以真理的力量主宰人们的精神的人，而不是用暴力把人们变成奴隶的人，是指认识宇宙的人，而不是歪曲宇宙的人。

因此，既然你要我向你谈谈英国孕育的一位名人，那我就先从诸如培根[①]、洛克、牛顿等人说起吧。到时候我们也会提到将军和大臣们。

我们应该从闻名遐迩的维鲁拉姆伯爵(comte de Verulam)开始说起，在欧洲人们都知道他叫培根，其实培根是他的姓。他父亲

① 培根(Francis Bacon，1561—1626)：英国哲学家。

是英国的掌玺大臣,他本人在英王詹姆士一世[①]时曾多年担任掌玺大臣。本来宫廷的勾心斗角和繁杂的职务就够一个人忙的了,但他竟然还有时间成为一个伟大的哲学家、博学的历史学家和文笔优美的作家。而且更加令人感到惊奇的是,他生活在一个人们不大懂得文字的艺术,更少有人懂得深邃的哲学的时代。他死后比生前更受人敬重,这在人世间倒是常有的事:他的敌人在伦敦的宫廷中,而他的赞美者在整个欧洲。

(法国)亨利四世的女儿玛丽公主[②]要嫁给威尔士亲王[③]。当埃菲亚侯爵[④]带着玛丽公主来到伦敦时,这位大臣去拜访培根,培根当时卧病在床,接待访客时未拉起床的帐幔。埃菲亚说:"你就像天使一样;人们总是听别人说到天使,都以为天使的确高于人类,可是人们永远无法看到天使,也就无法让自己的心得到慰藉。"

你知道,先生,培根是如何被人指责因钱而腐败的吗?一个哲学家是不会犯这种罪行的。你知道他是如何被上院判处一笔大约相当于我们的四十万里弗的罚款的吗?上院是想败坏他作为大臣的贵族的尊严。

今天,英国人敬仰培根,所以都不愿意承认培根是有罪的。如果你问我对这事怎么看,我会用据说是博林布罗克勋爵(Boling-

① 詹姆士一世(James Ⅰ,1566—1625):苏格兰国王,1603 年成为英格兰和苏格兰合并后的国王。

② 玛丽公主(princesse Marie,1609—1669):法国国王亨利四世的女儿,查理一世的妻子。

③ 威尔士亲王(prince de Galles,1600—1649):即后来的英国国王查理一世。

④ 埃菲亚侯爵(marquis d'Effiat,1581—1632):法国贵族,路易十三时期主管财政,同时也当过元帅。

broke)的一句话来回答你。有人当着博林布罗克的面，说有人指责马尔伯勒公爵[①]吝啬，而且提到一些具体的事，并请博林布罗克勋爵作证。博林布罗克勋爵本是马尔伯勒公爵公开的对头，所以也许可以恰当地说出究竟是怎么回事。没想到博林布罗克勋爵回答说："他是个很伟大的人，我不记得他有这些毛病了。"因此，我就只和你谈谈为何掌玺大臣培根值得让欧洲的人们敬重吧。

他的作品当中最特别、最好的一本，在今天读的人恰恰是最少的，也是最没有用的一本，我想说的是他的《新工具》。这本书是建设新哲学的脚手架。至少当建筑部分地盖起来之后，脚手架就没有什么用处了。

掌玺大臣培根当时还不了解自然。但是他知道并指出了通往自然的所有道路。他很早便蔑视大学所谓的哲学。培根尽其所能，让这些为了完善人类的理性而建立起来的团体，不要再继续败坏人的理性；他们所说的"本质"、"对空虚的恐惧"、"实体的形式"以及所有其他不恰当的词语，不仅让人听了感到莫名其妙，所以才显得唬人，而且这些东西还可笑地与宗教交织在一起，几乎成了神圣的东西了。

培根是实验哲学之父。在他之前，人们的确发现了一些令人吃惊的秘密。人们发明了指南针、印刷术、版画、油画、镜子；人们称之为眼镜的技艺，让老人从某种方式上恢复了视力；还有火药等等。人们寻找、发现并征服了一个新的世界。谁不以为所有这些神奇的发现都是由最伟大的哲学家在比现在开明得多的时代实现

① 马尔伯勒公爵(duc de Marlborough，1650—1722)：英国军事统帅。

的呢?其实不然,这些伟大的变化是在最为愚蠢的野蛮时代实现的。所以这些发明几乎是完全出于偶然的。表面看来,美洲的发现在很大程度上也有偶然的因素在里面。至少人们一直相信,哥伦布之所以出发去远行,完全是由于他对船长的信任,而船长的船是被一阵暴风吹到了加勒比群岛一带的。

不管怎么样,人们能够到世界的尽头去了,他们能够用人造的霹雳摧毁一座城市,而人造的霹雳比真正的霹雳还可怕。但是那时的人们还不知道血液循环、空气的重力、运动的规律、光、星球的数量,如此等等,而一个人若就支持亚里士多德的范畴、事物的共相或者类似愚蠢问题发表论文,却被看成是奇才。

最令人吃惊的、最有用的发明并不是那些使人类的精神增光添彩的发明。

所有的技艺,都是得之于大部分人都有的某种机械的本能,而根本不是得之于健康的哲学。

火的发现,做面包,熔化和制备金属,盖房子的技艺,梭子的发明是出于另外一种需要,这与印刷术和指南针的发明是不一样的。然而,这些东西都是由仍然处于野蛮状态的人发明的。

从那以后,希腊人和罗马人不是在很多地方都使用了机械吗?然而,那时的人们仍然认为有的天空是水晶的,认为星星是挂在天上的一些灯笼,而有的时候,这些灯笼会掉在海里。当时有一个伟大的哲学家在经过很多研究之后,又认为天体是从地球上脱离出来的石头。

总而言之一句话,在掌玺大臣培根之前,没有人知道什么是实验哲学。在培根之后人们做的所有物理实验,几乎没有一件不是他的书中已经指出过的。他自己也做过多种实验。他做过一些类似于气动机的东西,并通过这种东西揣测到空气是有弹性的。他曾围绕着空气的重力问题做过很多研究,到了有所发现的边缘。但是,真理最终由托里拆利[①]抓在了手里。不久之后,实验物理学于突然之间在欧洲各地同时发展起来。这是一座隐藏的宝库,培根曾经想到这座宝库的存在,所有的哲学家受到其预言的鼓舞,都在竭力发掘这一宝库。

但是,使我最感到吃惊的,是在他的书中看到,他明确地描绘了新的引力论,后来人们都认为是牛顿发现了这种新的理论。

培根说:"我们应当研究一下,看看有没有一种磁的力量在地球和有重力的东西之间,在月亮和海洋之间,在星球互相之间起着作用。"

在书中的另外一处,他说:"重物一定是被拉向地心,或者重物之间是互相吸引的,如果是第二种情况,那么显而易见的是,物体在坠落的时候,越是接近地球,它们互相吸引的力量就越强。"他接着说:"我们必须做一下试验,看一看同一架重力挂钟在山顶是不是比在矿井的深处走得更快,看一看重力在高山之上会不会减少,在矿井里会不会增加。表面看来,地球确实是有吸引力的。"

这个哲学的先驱也是文笔优美的作家、历史学家,也是一个才子。

他的道德论述的文章极受推崇。但是,这些文章目的是要教

① 托里拆利(Evangelista Torricelli,1608—1647):意大利物理学家、数学家,发明了水银气压计。

育人，而不是取悦于人。只是，由于这些文章既不像德拉·罗什福科[①]的《格言集》一样，具有讽刺人性的性质，也不像蒙田[②]的怀疑论学说那样，所以读培根的书的人，不像读这两本编织巧妙的书的人那么多。

他的《亨利七世史》被认为是一本杰作。但是如果这本史学著作能够与我们著名的德·杜[③]的作品相比，那就是我看错了。

原籍是犹太人的著名骗子帕尔金[④]在勃艮第公爵夫人的唆使之下，竟敢自称是英王理查四世，与亨利七世争夺王位。在谈到这个骗子时，培根是这样说的：

“大约在这个时候，亨利王被勃艮第公爵夫人所施魔法产生的精灵纠缠，勃艮第公爵夫人从地狱中唤来爱德华四世的鬼魂，让他来折磨亨利王。当勃艮第公爵夫人教唆好帕尔金之后，便开始考虑让这颗彗星出现在天上的哪个区域，并决定让彗星首先在爱尔兰的天边爆出光亮。”

我觉得我们睿智的德·杜不会如此天马行空。从前，人们认为这是才华横溢，但是现在，人们不无理由地认为，这是以其昏昏，使人昭昭了。

① 德拉·罗什福科（M. de La Rochefoucauld，1613—1680）：法国作家。

② 蒙田（Michel Eyquem de Montaigne，1533—1592）：法国思想家。

③ 德·杜（Jacques Auguste de Thou，1553—1617）：法国历史学家，曾任巴黎高等法院院长。

④ 帕尔金（Parkins Julif de naissance，1474—1499）：他在1490年自称爱德华四世曾经神秘消失的儿子而与亨利七世争夺英国王位，后阴谋败漏。

第十三封信：关于洛克

也许从来不曾有过比洛克先生更加聪明，更有条理的思想家，推理比他更加准确的逻辑学家了。然而，他不是伟大的数学家。他从来不会不惜辛苦地只是埋头计算，只是接受枯燥无味的数学真理，而是首先从中看到可以感知的东西。没有任何人能够比他更好地证明，我们不借助几何学，也可以拥有几何学的思想。在他之前，一些伟大的哲学家确实曾认定什么是人的灵魂。但是，因为这些人对灵魂根本就是一无所知，所以每个人的意见都是不同的，这也就不奇怪了。

在作为艺术和谬误之摇篮的希腊，人类的精神在伟大和愚蠢方面都曾走向极致，但那里的人们在关于灵魂的问题上想法与我们是一样的。

阿那克萨哥拉[①]是个了不起的人物，人们为他设立了祭坛，因为他曾告诉人们说，太阳比伯罗奔尼撒还大，雪是黑的，而且天空是石头做的；这个阿那克萨哥拉也证实说，灵魂虽是气体，却是永恒的。

---

① 阿那克萨哥拉（Anaxagoras，公元前500—前428）：古希腊哲学家。

第欧根尼[①]——我们这里说的第欧根尼不是那个做过假币,后来又成了犬儒主义者的第欧根尼,而是另一个——认为,灵魂是上帝物质的一部分。这一思想学说也是光彩闪烁的。

伊壁鸠鲁[②]认为灵魂是由不同部分组成的,就像身体一样。亚里士多德被人以无数不同的方式解释过,因为亚里士多德的思想根本就是无法理解的。据他的一些弟子的说法,他认为,所有人的知性都是一种唯一而相同的物质。

了不起的亚里士多德的老师柏拉图,以及了不起的柏拉图的老师苏格拉底说过,灵魂是肉体的,也是永恒的。苏格拉底的守护神大概对苏格拉底说过灵魂是怎么回事。有些人的确声称,如果一个人吹嘘自己有家神护佑,那他毫无疑问是个疯子或者骗子。不过,说这种话的人也太挑剔了。

至于我们教会的神父们,有不少在最初几个世纪都相信人的灵魂、天使和上帝都是有形体的。

世人总是精益求精的。根据马比荣神父[③]承认的说法,圣伯纳德[④]在提到灵魂时教导人们说,人在死亡之后,灵魂根本不会在天上看到什么上帝,而是只能与耶稣基督的人性对话。这回人们是不会仅凭他说的话就相信他了。十字军的遭遇使他的预言丧失了些许信誉。后来又出现了无数的经院派学者,诸如“毋庸置疑的

① 第欧根尼(Diogène D' Apollonie):古希腊哲学家,约生活于公元前五世纪左右。

② 伊壁鸠鲁(Épicure,公元前341—前270):古希腊哲学家。

③ 马比荣神父(père Mabillon,1632—1707):法国教士、学者。

④ 圣伯纳德(Saint Bernard,1090—1153):法国教士、学者。

圣师”、“巧言令色的圣师”、“天使圣师”、“上品天神圣师”、“司智天使圣师”，如此等等，当然这都是些对灵魂的问题了如指掌的人，但是他们不让人谈论此事，仿佛他们根本就是不想让任何人对这种事有个一丝半毫的了解。

我们的笛卡尔①先生受命于天，要发现古人的错误。只不过他发现别人的错误，是为了用自己的错误取而代之，而且笛卡尔受过系统精神的训练，而这种精神会让哪怕是最伟大的人变得六神无主；笛卡尔认为自己已经证明，灵魂是与思想一样的东西，正好比他说物质与空间是毫无二致的东西一样。他保证说，人永远是在思想的，而且灵魂在来到人的躯体时，本来就携带着所有形而上学的概念，以认识上帝、空间、无限，以拥有一切抽象的观念，以最终充满美好的认识，只不过，人在从母亲的肚子里出来的时候，把这些东西统统忘记了。

奥拉托利会的马勒伯朗士(Malebranche)先生在其崇高的幻想当中，不仅认为观念是天赋的，而且毫不怀疑我们在上帝身上可以看到一切，因此，从某种意义上说，上帝就是我们的灵魂。

在无数的理论家讲过灵魂的故事之后，又出现了一个智者，以谦逊的态度勾勒出灵魂的历史。洛克阐述了人的理性，就像杰出的解剖学家解说人体的构造一样。他在阐述中时时以物理学作为引导。他有时候大胆地以肯定的口吻述说，但是他也敢于怀疑。对于我们不了解的东西，他没有断然地只是下定义，而是一步步地审查我们想要认识的东西。他以刚刚出生的婴儿为例，一步步追

① 笛卡尔(René Descartes，1596—1650)：法国哲学家、数学家。

寻孩子知性的发展过程,指出人与动物的共同之处,也说明人比动物高级在什么地方。他尤其以自身,以对自己的思想的意识为见证。

他说:"关于灵魂在我们的身体组成之前和之后是否存在的问题,就让知道得比我多的人们去讨论吧,但是我承认,我恰巧也拥有一个粗野的、不会永远思想的灵魂,我甚至于很不幸地认为,灵魂没有必要时时刻刻不停歇地思想,正好比身体没有必要时时刻刻不停歇地运动一样。"

我认为,在这一点上,我可以自诩与洛克一样愚蠢。我无论如何也不会相信,我是在时时刻刻不停歇地思想。我和洛克一样不认为,在我被孕育几周之后,我就有一个十分博学的灵魂了,否则我在出生时一定是忘记了成千上万的东西,在子宫里学富五车又有什么用,反正等到需要时又都忘记了,而且后来这些知识从来未能重新拾起过。

洛克在摧毁了天赋的观念之后,在放弃了相信人是永远在思想的虚枉观念之后,又证明说,我们的所有观念都来自于感觉。他考察了我们的简单观念和复合观念,分析了精神的种种活动,指出了人的语言是多么不完善,而且我们是如何时时都在滥用一些词语的。

最后,他思考了人类知识之广博,或者更准确地说是人类知识之虚无。正是在这一章里,他以谦逊的态度大胆地说:"我们也许永远无法认识一个纯粹物质的存在是否有思想。"

不止一个神学家认为,这种明智的说法主张灵魂是物质的,是必然会消失的,这种说法令人感到耻辱。

有些以不同的方式表现虔诚的英国人发出了警告。迷信的人对于社会产生的作用,就好比是胆小鬼对军队的影响一样,他们自己感到恐惧,也让别人感到惊慌。有人叫嚷说,洛克想要颠覆宗教。可是这件事根本不涉及宗教。这纯粹是哲学问题,与信仰和神启毫无关联。只要客观地考察一下,以下两种说法之间是不是矛盾,便一切都迎刃而解了:“物质有没有思想”以及“上帝能不能把思想传达给物质”。不过神学家常常一开始就说,如果你不赞成他们的意见,那就是侮辱上帝。这很像那些蹩脚的诗人,他们大喊大叫地说,德普雷奥[①]讲国王的坏话了,其实是因为德普雷奥讽刺了他们。

斯梯林弗里特圣师[②]是个出了名的温和派神学家,因为他没有直接辱骂洛克。但是他向洛克挑战,不过他被击败了,因为他是以圣师的方式思考的,而洛克则以哲学家的方式思考,洛克了解人类精神的力量和弱点,而且他知道自己用来战斗的武器有多么锋利。

如果我在洛克先生之后再来谈论一个如此棘手的问题,我会说,对灵魂的性质和永生不死的问题,人们已经争论了很长时间。这个问题是没有办法证明的,因为人们至今仍然在争论灵魂是何种性质,而且毫无疑问的是,对于一个创造物,我们必须了解它,才能够确定它是不是永恒的。人的理性仅凭自己是不能证明灵魂是否永恒的,宗教已经负责任地向我们揭示了什么是灵魂。相信灵

① 德普雷奥(Nicolas Boileau-Despréaux,1636—1711):法国诗人和文艺批评家。

② 斯梯灵弗里特圣师(docteur Stillingfleet,1660? —1706):英国医生和牧师。

魂的永恒,这符合人的共同利益。信仰要求我们相信。我们不再需要其他的理由,事情就这样决断了。而灵魂的性质的问题就不同了。对于宗教来说,灵魂是由何种物质形成的,这并不重要,只要它起到它该起的作用就行了。这就好比是一架钟表,虽然交由我们管理,但是做钟表的工人并没有告诉我们钟表的弹簧是用什么东西做成的。

我是物体,而且我有思想。我所知道的,仅此而已。一件事情,如果我可以轻而易举地用我所知道的唯一的原因来解释它,虽然这原因是第二位的,难道我还要用我所不知道的原因去解释它吗?在这里,学校里的哲学家都会打断我,提出理由,并说:"在身体里面,只有空间和实体,只能有运动和形态。然而,从运动和形态当中,从空间和实体当中,是不会产生出思想来的。因此,灵魂不可能是物质。"这种伟大的推论,人们不知已经重复过多少遍,但归根结底只能是这样:"对物质我一无所知。我能够猜测出物质的某些属性,但我猜得并不准确。然而,我并不知道这些属性能否与思想联系在一起。因此,因为我对此根本就一无所知,所在我可以肯定地说,物质是不能思想的。"简单说,这就是学校里的人思考问题的方式。洛克会直截了当地对这些先生们说:"至少你们要承认,你们和我一样无知。你们的想象和我的想象一样,都无法设想一个物体是如何有了观念的。难道你们能够更好地理解物质就其本来的样子,是如何有了观念的吗?既然你们无法设想什么是物质,什么是精神,怎么就敢于妄下断言呢?"

迷信者也来了,并说,有人怀疑是不是只要有了身体就能思想,这样的人该被烧死,这样才会对他们的灵魂有好处。但是,如

果是这些人自己犯了反宗教的罪行，那他们又该怎么说呢？的确，谁敢在不亵渎神灵的同时断言说，上帝无法让物质具有思想和感觉？请看一看，如果你如此限制上帝的权能，你会被逼到何种尴尬的处境！动物也有和我们一样的器官、一样的情感、一样的感知。动物有记忆，也能组合出几种观念来。如果上帝没有给予物质生命和感觉，那要么动物是纯粹的机器，要么动物也有心灵，二者必居其一。

动物不可能只是简单的机器，我认为这几乎已经算是得到了证明的。上帝确实让动物也有了与我们一样的感觉器官。因此，如果动物没有感觉，那上帝就是做了无用功。然而，正如你们自己承认的那样，上帝是不会做任何无用功的。因此，没有感觉的感觉器官是不会有的。因此，动物不可能是纯粹的机器。

据你们看，动物不可能有心灵。但是，你们不得不承认，事情还不算完，还必须说的是，动物的器官是物质的，上帝让动物的物质器官有感觉和感知的能力，你们称之为动物的本能。

与动物的器官相比，我们的器官更加轻灵。那么，谁能阻止上帝将我们称之为人类理性的感觉、感知和思想的能力传达给我们的器官呢？不管从哪个角度来看，你们不得不承认，你们是无知的，上帝具有莫大的权能。因此不要再反对洛克明智而谦逊的哲学了。洛克的哲学不仅不违背宗教，而且如果宗教需要的话，还可以成为宗教的证据。因为，洛克的哲学只证实它能够明确地设想的东西，知道承认自己的弱点；还有什么样的哲学能够更加符合宗教，能够对你说，只要我们考察最初的原理，就必须借助于上帝呢？

此外，永远不应当担心哲学观念会损害一国的宗教。我们的宗教奥秘虽然与我们的证明相反,可是基督教的哲学家仍然尊崇这些奥秘,他们知道,理性的对象和信仰的对象性质是不同的。哲学家从来不会组织宗教派别。为什么呢?因为他们不是为民众写作的,因为他们没有狂热的情绪。

你如果把人分成二十份,其中十九份是以体力劳动为生的,他们永远不会知道世界上还有一个名叫洛克的人。在其余的一份当中,读书的人也很少。而且在看书的人当中,二十个是在读小说,只有一个是研究哲学的。有思想的人少之又少,而这些人是不会想到去扰乱世界的。

蒙田、洛克、培尔[①]、斯宾诺莎(Spinosa)、霍布斯[②]、沙夫茨伯利勋爵[③]、科林斯[④]、托兰德[⑤]在各自的国家挑起过纠纷。这些人大都是理论家,他们首先是想成为派别领袖的人,后来又有了成为政党领袖的野心。我想说的是,你把全世界所有现代哲学家的作品放在一起闹出的动静,远没有方济各会的修士们为了袖子和风帽应该是什么样子而吵闹得厉害。

① 培尔(Pierre Bayle,1647—1706):法国哲学家。

② 霍布斯(Thomas Hobbes,1588—1679):英国哲学家。

③ 沙夫茨伯利勋爵(milord Shaftesbury,1621—1683):原名安东尼·阿什利·库柏(Anthony Ashley Cooper),英国政治家,辉格党领袖,与洛克交情匪浅。

④ 科林斯(Anthony Collins,1676—1729):英国法官,自由思想家。

⑤ 托兰德(M. Toland,1670—1722):英国自由思想家。

第十四封信:关于笛卡尔和牛顿

一个法国人来到伦敦,会认为事情都变得不一样了,包括哲学和所有其他的东西。他放在身后的,是一个充实的世界,却发现眼前的世界是空虚的。在巴黎的时候,人们看到的宇宙是由轻巧的物质之漩涡组成的。而在伦敦,人们看不到这些东西。在我们那里,人们认为月亮产生的压力导致产生了海潮。而在英国人这里,人们认为海洋是被月亮的重力所吸引产生的,所以当你以为月亮应当引起海水涨潮的时候,这些英国人以为海水应该是落潮的时候。不幸的是,这是无法验证的,因为,要想弄清楚这一点,就必须在创世的最初时刻考察月亮和海潮。

你还会注意到,在法国,太阳与这些事是毫不相干的,在这里却起到了大约四分之一的作用。笛卡尔学派的人认为,一切都是由冲动力造成的,而究竟什么是冲动力,人们又搞不太清楚。牛顿先生则认为,引力造就了一切,而对这引力的原因,人们了解得也不一定更多。在巴黎,你们把地球想象成一颗西瓜的模样。在伦敦,地环的两端是扁平的。对于一个笛卡尔学派的人来说,光存在于空气当中。而对于一个牛顿学派的人来说,光是用了六分半钟的时间,从太阳那里跑过来的。你们的化学在做各种试验的时候要用酸、碱和精细物质。而在英国,就连化学也受引力的主宰。

就连事物的本质也发生了变化。不管是对灵魂的定义还是对物质的定义,你们的意见都不一致。笛卡尔保证说,灵魂与思想是同一种东西,而洛克相当清楚地向他证明恰恰相反。

笛卡尔还保证说,广延单独造就了物质。而牛顿则认为除了广延之外还有体积。这都是一些极大的矛盾之处。

"你们之间那么多冲突不是该由我来解决的"。

著名的牛顿彻底摧毁了笛卡尔的体系。牛顿于去年,也就是1727年3月逝世。他生前受到同胞们的尊敬,死后的葬礼像个曾经为民造福的国王。

德·丰特奈尔先生[①]在科学院发表了赞扬牛顿的讲话,被翻译成了英语,这里的人们贪婪地读着。人们在英国期待德·丰特奈尔先生做出判断,像期待庄严的声明,说明英国哲学的高明。但是,当人们看到他拿笛卡尔来比牛顿的时候,伦敦皇家学会的人们情绪激动起来。他们不同意德·丰特奈尔的判断,还批评他的讲话。甚至有些人(这些人不是最有哲学家特质的人)甚至只是因为笛卡尔是法国人,便对德·丰特奈尔的比较感到不快。

应当承认,这两个伟大人物的为人、命运和人生观都不一样。

笛卡尔天生具有鲜明和强有力的想象,从而使他成了一个无论在私生活,还是在思想方式上都与众不同的人。他的想象力甚至在他的哲学作品当中也难掩形迹,我们时时可以看到巧妙而精彩的比喻。他的天性几乎使他成为诗人,而且他也的确为瑞典女

① 德·丰特奈尔(Bernard le Bovier de Fontenelle,1657—1757):法国哲学家,科学作家。

王写过一部诗体的游戏短剧，人们为了尊重他身后的名誉，并没有印行这个短剧。

他尝试当过一段时间的兵，而且自从成了一名专职哲学家之后，他觉得男女私情也并不辱没他。他的情妇为他生了一个女儿，名叫弗朗西娜(Francine)，少年时便夭折了，这使他十分伤心。因此，人该有的感情，他都体会到了。

在很长一段时间里，他曾认为，为了思考哲学，他应当远离世人，尤其是要远离他的祖国。他的想法是对的。那时候人们不懂得哲学，无法指引他，而且只能妨害他。

他之所以离开法国，是因为他要寻求真理，而当时的真理在法国是受到可悲的经院派哲学迫害的。他来到荷兰，但是，在荷兰的大学里，他发现人们并非更加理性。因为，当时在法国，只有他的哲学命题是真实的，所以他的命题遭到谴责，可他在荷兰也没有得到人们的理解，他也受到了一些所谓哲学家的迫害，这些人更清楚地看到了他的光荣，因此也就更加妒恨他。他不得不离开乌得勒支。诽谤他的人无所不用其极，指控他的学说是无神论。他曾用锐利的思想寻找上帝存在的新证据，却被人怀疑不承认上帝的存在。

他受到如此多的迫害，说明他有着莫大的功劳，有着光彩的荣誉。功劳和荣誉他都有。即使通过经院派的黑暗和民间迷信的偏见，理性也在人世间如晨曦初露。笛卡尔的名声变得如此响亮，人们想用报酬吸引他回法国。人们提议给他一千埃居的年金。他怀着希望回到法国，支付了领取学者许可证的费用，当时这种证件是出售的。但他并没有得到年金，于是他又回到荷兰北部，在孤独中思考哲学,当时年届八十的伽利略也正躺在宗教裁判所的监狱里呻吟,因为他证明了地球是在运动的。最后,笛卡尔在斯德哥尔摩英年早逝,死于营养不良,在他身边的几个学者都是他的对头,给他治病的医生是个对他恨之入骨的人。

牛顿骑士的境遇就完全不同了。他活到八十五岁,在自己的祖国一辈子都生活得平静、幸福、受人尊敬。

他的幸运之处不仅仅是生在了一个自由的国家,也是生在了经院派的狂妄言行被消除了的时代,人们只注重理性的培养。世人只能是理性的学生,而不能与理性作对。

在很奇怪的一点上,他与笛卡尔相反,那就是,在他漫长的一生当中,他既不曾有过激情,也不曾有过丧气的时候。他从来没有与任何女人来往过,这是他临终前照顾他的医生向我证实的。对牛顿的这一点我们可以赞佩,但我们不能因此而谴责笛卡尔。

英国公众舆论认为,在这两个哲学家当中,牛顿是梦想家,而笛卡尔则是智者。

伦敦读笛卡尔的作品的人很少,笛卡尔的作品在伦敦实际上已经没有什么用处了。但是读牛顿的书的人也很少,因为必须是十分博学的人,才能够读懂牛顿的书。然而,人人都在谈论这两个人,都认为法国的笛卡尔一无是处,而英国的牛顿完美无缺。有些人认为,人们之所以不再对真空心怀恐惧,之所以知道空气是有重量的,之所以能用上望远镜,这都多亏了牛顿。在这里,牛顿是寓言中无所不能的大力士,无知的人们把别人的英雄事迹也都归在他身上。

在伦敦,有人对德·丰特奈尔的讲话写了一篇评论,评论的作者大胆地提出说,笛卡尔不是一个伟大的几何学家。讲这种话的人是忘恩负义的。笛卡尔从发现几何到发展几何,走了一段伟大的道路,和牛顿继笛卡尔之后所走过的道路同样伟大。笛卡尔首先发现了如何制定曲线的代数方程式。由于笛卡尔,几何学在今天才成为人所共知的学问,但在当时,这种几何学还是十分深邃的学问,没有一个教授敢于出来解释它,也只有荷兰的斯豪滕[①]和法国的费马[②]能够懂得。

笛卡尔将几何和发明的思想带到屈光学当中,屈光学在他的手里变成了一种全新的艺术。虽然他也有犯错误的时候,那是因为发现了一片新的土地的人,不可能一下子就了解这片土地的所有特点。后来者让这片土地变得更加肥沃了,但是后来者至少应当感谢他第一个发现了这片土地。我并不否认笛卡尔先生的所有其他作品充斥着种种错误。

几何学是一个指南,从某种意义上说,是他制定了这个指南,而且也是这个指南以确定的方式将他引向了他的物理学。但他最后抛弃了这个指南,专致于系统精神。于是,他的哲学便成了一篇精心安排的小说,充其量在无知者看来才像是真的。在关于灵魂性质,上帝存在的证据,物质,运动规律,光的性质的问题上,他的想法是错误的。他认为观念是天赋的,他发明了一些新的元素,他创造了一个新的世界,他以其特有的方式创造了人,而且人们不无道理地说,笛卡尔所说的人的确只是笛卡尔创造出来的人,实际上

① 斯豪滕(Frans van Schooten,1615—1660):荷兰数学家。

② 费马(Pierre de Fermat,1601—1665):法国律师、数学家。

与真正的人相去甚远。

他把形而上学的错误推向了极致，甚至主张说，二加二之所以等于四，是因为上帝是这样安排的。但是，可以说，即使在犯错误的时候，他也是值得尊敬的，我们这样说并不过分。他错了，但至少他的错误是有条理的，他的思想前后是一致的。他破除了两千年以来迷惑青年人的荒唐幻想。他教会了当时的人如何理性地思想，并使用笛卡尔的武器批判笛卡尔。他虽然没有拿出真知灼见，但他指出了错误，这已经是很大的贡献了。

实际上，我认为人们不会大胆地在任何一点上都将他的哲学与牛顿的哲学相提并论：笛卡尔的哲学是探索，而牛顿的哲学则是杰作。但是，指引我们走向真理之路的人，也许与在这条路上一直走到终点的人同样是功勋卓著的。

笛卡尔让盲人有了眼睛。盲人由此才看到古人的错误和笛卡尔的错误。他开辟了一条道路，在他之后，这条路变得更加宽阔。罗奥[①]写过一本薄薄的书，在一段时间里，这本书就是完整的物理学。今天，欧洲各个科学院的所有文集甚至不能成其为系统的开端。在探索这一深渊的同时，我们发现深渊是个无底洞。现在我们要看一看的是牛顿在这一深渊当中挖掘到了什么。

① 罗奥(Jacques Rohaut，1620—1672)：法国科学家，笛卡尔的好友。

第十五封信：关于引力系统

使牛顿骑士声名远扬、威震天下的发现，涉及世界体系、光、几何的无限量以及他在饭后茶余所从事的编年史研究。

我来告诉你我对这些至高无上的思想的一知半解（如果可能的话，我尽量不讲废话）。

关于我们这个世界的体系，人们很久以来便在争论，究竟是什么原因使星球旋转并保持在其轨道上的，是什么原因使所有的物体都落向地面。

笛卡尔的系统后来经过反复解释，并有了很大的变化，似乎对这些现象给出了可信的理由。而且由于这一理由简单，大家都能理解，所以就更像是真的。但是在哲学上，你要提防那些人们以为轻易就能懂得的东西，也要提防那些你根本就无法懂得的东西。

重力、物体向地面的加速坠落、星球绕着轨道的旋转、星球绕着轴心的自转，这一切都只不过是运动而已。然而，我们只能把运动设想成是被动的；因此，所有这些物体都是受到外力推动的。但这个外力是什么呢？整个空间都是充实的。因此，空间充满了一种十分微细的物质，但我们看不见这种物质。这种微细物质从西方到东方运动，因为所有的星球都是从西方向东方运动的。人们做了种种假设，观察了种种表象，想象出一个由微细物质组成的巨大漩涡,星球在这个漩涡当中被拖带着围绕太阳旋转。人们又假定了另一种一个个的漩涡,这些个别的漩涡漂浮在大的漩涡当中。想象了这一切之后,人们便认为,重力有赖于这种日常的运动。因为,人们说,围绕着我们的小漩涡旋转的微细物质,大概比地球的运动快十七倍。然而,如果其速度比地球大十七倍,那么它的离心力也要大得多,所以也就将一切物质推向地球。在笛卡尔的学说当中,这就是重力产生的原因。

但是,在计算微细物质的离心力和速度之前,我们必须确认这种微细物质是存在的,而且即使假设这种物质是存在的,人们也证明,这种物质不可能是重力产生的原因。

牛顿先生似乎最终驳斥了各种漩涡的存在,包括大漩涡和小漩涡,包括拖带着星球围绕太阳旋转的漩涡和推动每个星球围绕自身转动的漩涡。

首先,在驳斥关于假定的地球的小漩涡时,人们证明,漩涡的运动应该是逐渐减少的;人们证明,如果地球是在一种流体当中游动着的,那么这种流体的密度应该与地球的密度是一致的,而如果这种流体的密度与地球的密度一样,那么我们在移动任何物体的时候,都会遇到极大的阻力,也就是说,要想举起一本书的重量,也必须有一根长度和地球一样的杠杆。

第二,关于大漩涡,那就更是荒诞不经。这与已经证实是真理的开普勒[①]的规则无法一致。牛顿先生指出说,木星的旋转和地

① 开普勒(Johannes Kepler,1571—1630):德国天文学家,他发现了行星运动的三大定律。

球的旋转是一致的，但是人们假设带动木星旋转的流体与带动地球旋转的流体却不一致。

牛顿证明，所有的星球都是按照椭圆形的轨道旋转的，因此，由于各自的远日点都很远，但是近日点都比较近，比如地球，在离金星和火星较近时，速度本应较快，因为带动地球旋转的流体这时候的压力比较大，运动力也应该更大些。然而，地球在这个时候的运动却较慢。

他证明，根本没有什么天体物质从西向东运动，因为彗星有时候是从东向西穿过空间，有时候又是从北向南。

最后，为了尽可能有效地解决困难，他甚至通过经验证明，空间不可能是充实的，把亚里士多德或者笛卡尔破除了的真空说又拾了回来，或者至少让这种学说变得十分可信。

由于这些原因和许多其他的原因，他颠覆了笛卡尔的漩涡理论，却没有办法知道大自然中是否存在一种隐秘的法则，导致了天体的运动，同时也是重力产生的原因。1666 年，他退隐到剑桥附近的乡下，有一天在自己的花园里散步，看到有水果从树上掉下来，便陷入了对重力的沉思。所有的哲学家都在仔仔细细地寻找重力的原因，却一个个都劳而无功，而一般人又想不到其中的奥妙。他在心中对自己说："在我们的天空，物体不管从多高的地方掉下来，其坠落的速度一定是在伽利略发现的级数当中。物体穿越的空间等于时间的平方。使重物坠落的力量是一样的，不管是在地下多深处，也不管是在多高的山上，都不会有明显的减少。为什么这一力量不会一直延伸到月球上呢？如果这一力量真的一直深入月球，从表象来看，难道不正是这一力量使月球保持在其运行轨道上，并确定了其运动的吗？不过，如果月球符合这一原理，不管怎么说，认为所有其他的行星也都符合这一原理，这难道不是很合理的吗？

如果这种力量是存在的，那么力量的大小应该与距离的平方成反比（而且事实证明了正是这样）。因此，我们只要考察一个重物从不大的高度落在地球上所经过的路由，以及一个物体在相同的时间从月球轨道坠落时所经过的路由，问题就解决了。要想了解这一情况，只要了解地球的尺寸和从月球到地球的距离就可以了。”

牛顿就是这样思考的。但是当时，人们对地球的大小还很不了解，只是相信海船的驾驶员提供的一些不大靠得住的估计数字。他们估计每一度为六十英里，而实际上是将近七十英里。这种错误的估算结果，与牛顿先生想得出的结论不符，他只好放弃这个结论。他若是一个平庸而虚荣的哲学家，会让地球的大小与他的体系相一致。而牛顿先生宁肯放弃自己的计划。但是自从使法国获得了莫大荣耀的皮卡尔先生①画出了子午线，正确地测量了地球之后，牛顿先生又重新考虑了自己最初的想法，发现他的结论与皮卡尔先生的计算结果是吻合的。我认为这是一件令人十分赞佩的事，也就是牛顿只依靠四分之一的圆周和一点点数学知识，便得出了一个如此伟大的发现。

地球的圆周长是一亿二千三百二十四万九千六百法尺。这就是整个引力系统的全部根据。

---

① 皮卡尔（Jean Picart，1620—1682）：法国天文学家。

我们知道地球的周长，我们知道月球的轨道，也知道这一轨道的直径。月球绕这一轨道的旋转时间是二十七天七小时四十三分钟。因此，人们证明，按照平均运动来计算，月球的速度是每分钟十八万七千九百六十法尺。而且通过已知的定理，人们证明，使一个物体从月球的高度向下坠落的中心力最初一分钟只使该物体向下坠落十五法尺。

现在，如果物体按照与距离的平方成反比产生重量和重力并互相吸引的规则是真的，如果是同一种力按照同样的规则在整个大自然发生作用，那么显而易见的是，因为地球和月球之间的距离是六十个半径，那么一个向地球坠落的重物第一秒钟坠落十五法尺，第一分钟坠落五万四千法尺。

然而，如果一个重物第一秒钟坠落十五法尺，第一分钟坠落五万四千法尺，这个数字是六十乘以十五的平方。因此，物体的重量与距离的平方成反比。因此，相同的力导致产生了地球上的重力，也使月球保持在其轨道上运行。

由于人们证明了月球对地球产生引力，地球是月球运动的中心，也就证明了地球和月球对太阳产生引力，太阳是地球和月球运动的中心。

其他的行星也应当服从这一普遍的规律，而且，如果这一规律存在，那么这些行星应当遵循开普勒（Kepler）发现的法则。行星的确是非常准确地遵循所有这些法则、所有这些关系运动的。因此，引力的力量使得所有行星对太阳产生引力，我们的地球也是一样。最后，由于一切物体的反作用力与作用力成正比，可以肯定的是，地球也对月球产生引力，太阳对地球和月球都产生引力，土星的一颗卫星对其他四颗卫星产生引力,四颗卫星对该卫星产生引力,土星又对所有的卫星产生引力。木星也是这样,而且所有的星球都被太阳所吸引,而太阳反过来也被所有的星球所吸引。

这一引力的作用与物体所包含的物质成正比。这是牛顿先生用实验证明了的一个真理。这一新的发现使我们明白,太阳是所有行星的中心,而且根据各个行星的质量和距离对其产生引力。这样一来,由此及彼,我们的知识得以步步提升,一直达到了与人类的精神不相称的高度。牛顿大胆地计算了太阳包含有多少物质,以及每个行星都是多少物质组成的。就这样,他通过简单的力学定律指出,每个行星必然处在其所处的位置上。我们完全依靠他的万有引力定律的法则,便可以说明天体运行中表面上的不规则现象。月亮的变化成了这些规律所导致的结果。另外,我们显然也明白,为什么月球的轨道与其他星球的轨道每隔十九年交叉一次,而地球与其他星球的轨道交叉每两万六千年才发生一次。海水的潮涨潮落也是这种引力所产生的极其简单的效果。在满月和新月的时候,月球离地球比较近,上弦和下弦的时候,离地球比较远,再加上太阳的作用,明显造成了海水的高潮和低潮。

他通过卓越的理论说明了行星的运行及不规则的轨道之后,又用相同的规律解释了彗星。在很长时间里,彗星只是一团人们不知为何物的火焰,让世人感到恐惧,是哲学上的一块暗礁,亚里士多德认为彗星在月球之下,笛卡尔认为彗星在土星之上,牛顿终于指出了彗星的真正位置。

他证明说,彗星是固体,彗星在太阳的作用范围内运动,其轨迹是椭圆形的,离心距离非常远,十分接近于抛物线,有些彗星大概每隔五百年才会旋转一圈。

哈雷先生[①]认为,1680 年的彗星与尤利乌斯·恺撒时代出现过的彗星是同一颗。这颗彗星比其他的彗星更有说服力,说明彗星是坚硬而不透明的固体。因为彗星在近日点时距离太阳很近,离太阳只有日轮的六分之一,这时它达到的温度大概比铁被烧得最红的时候还要高两千倍。如果这颗彗星不是实心体,早就被太阳烧化了,会在极其短暂的时间之内化为乌有。于是当时的时尚便是猜测彗星的运行轨迹。著名的数学家雅克·贝努里[②]通过自己的理论体系得出结论说,1680 年的那颗人人皆知的彗星将于1719 年 5 月 17 日再次出现。到了 5 月 17 日那天夜里,欧洲的天文学家都没有睡觉。但是,那颗著名的彗星并没有出现。虽然预测并不是万无一失,但是至少比从前更加巧妙了,知道一颗彗星五百七十五年会再来一次。几何学家一般都是极富幻想的人,但是一个名叫威尔斯顿(Wilston)的几何学家却十分认真地肯定说,在《圣经》里说的大洪水时期,我们的地球上的洪水其实是一颗彗星导致的,看到人们取笑他,他竟然还感到吃惊。古时的人们想法大致与威尔斯顿差不多,认为彗星一向是人世间重大不幸的前兆,牛顿却相反,感到彗星能为世人带来好处,彗星发出的烟雾对行星是有好处的,能够使行星更加具有活力,使行星在运行当中浸润在太阳从彗星上分解出的粒子当中。这种感觉比彗星灾难说要更加可靠一些。

① 哈雷(Edmond Halley,1656—1742):英国天文学家、物理学家、数学家。

② 雅克·贝努里(Jacob Bernoulli,1655—1705):瑞士数学家。

这还不算完，如果说这种重力，这种引力作用于所有的天体星球，那么它一定也作用于这些星球的所有部分。因为，如果物体因其质量而互相吸引，那只能是因其部分的质量总和而互相吸引。如果这种力在于整体当中，那它无疑也在于整体的一半当中，在于整体的四分之一当中，在于整体的八分之一当中，如此等等，以至无穷。另外，如果这种力不是平均地在于各个部分当中，那么星球的某一端总会比其他的端部更重，而实际情况并不是这样。因此，这种力存在于整个物质当中，存在于物质的最小的粒子当中。

因此，这就是引力，是使整个大自然运动起来的伟大的动力。

在证明了这一原理的存在之后，牛顿料到人们会从名称上反对这一原理。他在作品中的不止一个地方提醒读者注意，不要把引力与古人所说的隐秘的质量混为一谈，只要知道在所有的物体当中都有一种中心力量就可以了，这种中心的力量根据力学的不变规律，作用于整个宇宙所有的物体，包括距离我们最近的和最远的物体。

索兰先生[①]和丰特奈尔先生（M. de Fontenelle）与牛顿一样，堪称伟大的哲学家。但是在牛顿为自己的学说提出辩解之后，索兰先生和丰特奈尔先生仍然明确地责备说，牛顿的思想是逍遥派的空想。索兰先生是在1709年的科学院回忆录中这样说的，而丰特奈尔先生则是在对牛顿先生的赞颂中讲了这番话的。

几乎所有的法国人，包括学者和一般人，都这样责备牛顿。我们听到到处都有人在说："牛顿先生为什么没有使用人们很容易理

① 索兰（Joseph Saurin，1659—1737）：法国数学家。

解的‘推动’这个词，而是使用了人们理解不了的‘引力’这个词呢？”

对于这一批评，牛顿回答说：“第一，对‘推动’这个词和‘引力’这个词，你们都不理解，如果你们不明白为什么一个物体会向着另一个物体的中心运动，那么你们同样想象不到为什么一个物体会推动另一个物体。

第二，我没有接受‘推动’这个词，因为，要接受这个词，我就必须知道有一种天体物质的确在推动行星。然而，我不仅不知道有这种物质的存在，我还可以证明这种物质是不存在的。

第三，我之所以使用‘引力’这个词，是为了表达我在大自然中发现的一种效果，是某种未知的法则产生的效果，这是肯定的、无可争议的，是物质内在的品质，比我更加聪明的人将来会找到这一品质的原因，如果他们能够的话。”

人们还说：“那你究竟告诉了我们一些什么东西呢？你为什么费尽心机，却对我们说了一些你自己都不明白的东西呢？”

“我告诉你们的，”牛顿本可以接着说，“是中心力学使所有的物体产生与其物质成正比的重量，完全是这些中心的力量使得行星和彗星根据明确的比例运动起来的。我向你们证明，重力和所有天体的运动不可能有其他的原因。因为，重物是按照已经证明了的中心力的比例坠落在地上的，行星也是按照相同的比例完成其运行轨迹的。如果还有另外一种力作用于所有这些物体，那它会增加物体运行的速度，或者会改变其运行方向。然而，任何物体的运动、速度、方向，哪怕只是一星半点，都在证明那是中心力推动的结果。因此，不可能还有另外一种原理。”

请允许我再来引述牛顿的一些话。他如果像下面这样说,不是会很好地受到人们欢迎的吗?“我和古人不一样。比如,古人看到水被唧筒抽上来,会说:‘水之所以升上来,是因为水厌恶真空。’而我所处的情况则是,我是第一个注意到水从唧筒里升上来的人,但是我让别人去解释产生这一效果的原因。手臂之所以会动,是因为肌肉的收缩。第一个讲这种话的解剖学家是将一个无可辩驳的真理告诉了人们。我们能够因为他不知道肌肉为什么收缩而减少对他的感激吗?人们对空气动力的原因尚不明确,但是,发现这一动力的人还是对物理学做出了重大贡献。我发现的动力更加隐秘,更加具有普遍性。因此,人们更应当感激我。我发现了物质的一种新的属性,发现了造物主的一个秘密。我对此进行了计算,证明了其效果。人们能够因为我给这个秘密取的名称而挑剔我吗?”

“人们可以把漩涡称为隐藏的属性,既然人们从未证明其存在。相反,引力是实实在在的事物,既然我们已经证明了其效果,而且可以计算其比例。这一原因的原因藏在上帝的心中。”

先到此为止吧,我就不再多说了。

第十六封信:关于牛顿的光学

上个世纪的哲学家们发现了一个新的世界,而且这个新的世界很难为人所了解,因为人们根本就没有想到它是存在的。即使是最为聪明的人也认为,推测天体的运动规律和光的作用方式,哪怕只是大胆地想象这一类的事,也是鲁莽的行为。

伽利略通过自己的发现,开普勒通过自己的数学,笛卡尔至少通过他的折光学,以及牛顿通过自己的全部作品,都对推动世界的机制有所阐述。在几何学当中,人们用计算征服了无限。动物身上的血液循环和植物体内的浆液改变了我们心目当中的大自然。通过气动机,人们看到了物体的一种新的存在方式。在望远镜的帮助之下,远处的物体让我们看得更加清楚了。最后,在人们发现了如此多的新事物之后,牛顿发现的光学堪称人的求知欲望所能够期待的最为大胆的发现。

在安多尼奥·德·多米尼斯[①]之前,彩虹始终让人觉得是一种无法解释的现象。哲学家安多尼奥·德·多米尼斯猜测这是雨水和太阳产生的一种必然结果。笛卡尔用数学解释了这一再自然不过的现象,从而使他的名字永垂不朽。他计算了光在雨滴中的

① 安多尼奥·德·多米尼斯(Antonio de Dominis,1560—1624):出生于克罗地亚的哲学家、数学家,著有《光学》。

反射。他的睿智在当时简直令人称奇。

但是,在光的性质问题上,笛卡尔错了,他没有任何根据便肯定地认为,光是一种球状体;他错误地认为,光这种物质存在于整个宇宙当中,是在太阳的推动之下,才运动起来的,就好比是一根长长的棍子,你在一端施加一个压力,另一端就会动起来一样。光的确是由太阳发射出来的,而且光从太阳传到地球用了七分钟的时间,一颗炮弹如果始终保持其初速,要跑完这段路会用二十五年的时间。如果当时有人把所有这一切都告诉笛卡尔,那么笛卡尔会怎么说呢?

如果有人对笛卡尔说,光的直接反射并不是因为光碰到了物体的坚硬部分而反弹回来,物体之所以透明并不是因为物体具有宽大的孔洞,那么笛卡尔会感到多么惊讶啊!后来出现了一个人,证明这都是些悖论,他解剖了一道光线,其巧妙的程度不亚于一个心灵手巧的艺术家解剖人体。

这个人就是牛顿。牛顿只是用棱镜,便让人们看到光只不过是一些彩色光线的集合而已,这些彩色光组合在一起,成了白色。他把一束光分成了七条,七条光线按照顺序平铺在一块白布或者一张白纸上,一条挨一条,每条线之间的间距不等。第一条线是火红色,第二条是橙黄,第三条是黄色,第四条是绿色,第五条是蓝色,第六条是青色,第七条是紫色。这七条光线中的每一条,再经过哪怕是一百块棱镜的分解,也不会再改变颜色。正好比把炼成的纯金再放进坩埚里熬炼,它也不会再发生变化了。为了充分证明每条光线的颜色就是我们的眼睛所看到的颜色,你可以拿一小段黄色的木头,将木头放在火红色的光线下,木头立刻变成火红色，放在绿色的光线下，木头立刻变成绿色，如此等等。

大自然中的颜色是什么原因造成的呢？人们认为那完全是由于物体反射某些光线，而吸收其他光线的性质造成的。这种隐秘的性质又是什么呢？他证明，这种性质完全有赖于组成物体的细小部分的厚度。光是如何反射的呢？人们认为那是因为光线在固体的表面会像子弹一样弹跳。其实根本不是这么回事。牛顿告诉惊讶的哲学家们说，物体之所以不透光，是因为物体的孔隙大，所以在我们看来，光线在孔隙里得到反射，物体的孔隙越小，便越是透明。比如纸，在干燥的时候反射光，涂过油之后能够传递光，因为油充填了孔隙，使孔隙变得小了许多。

牛顿正是这样，通过考察物体的孔隙，指出物体的每个部分都有其孔隙，每个部分的部分又都有其孔隙，所以在宇宙中，不可能有一立方寸的固体物质是没有孔隙的。我们的思想还远远没有彻底地了解物质的本质！

牛顿分解了光线，并以其睿智不断发现新的事物，一直到指明一种方法，让我们认识颜色是由原始基色组成的。他指出说，用棱镜分析出的基本光线的排列顺序，也是这些光线折射的顺序。光按照这样的比例分裂开来的特性，在牛顿之前还不为人所知。光线的反射是不均等的，对红色的反射能力要小于橙色，等等。牛顿称这种特性为折光度。

反射性最强的光线折光度也最好。由此牛顿指出，同一种力量导致了光的反射和折射。

这些神奇的发现只是开始。他发现了光的颤动和振荡的秘密，光的颤动和振荡无休止地反复，根据所遇到的物体各部分厚度的不同而传递或者反射着光。他在大胆地计算了将一块平面玻璃和一块一面是凸透镜的玻璃上下放在一起时,为了实现光的通透或者反射,以及为了得到某种颜色,所需要的空气粒子的厚度。

从所有这些实验当中,他发现了光是以何种比例作用于物体,物体又是以何种比例作用于光的。

他对光的理解是十分深刻的,所以能够确定技艺在何种程度上能够提高光的强度,能够用望远镜帮助我们的眼睛。

笛卡尔对几乎是由他发明的一种新兴起的技术怀着满腔的热情,他相信这种热情,而他的信任是可以原谅的,他希望通过望远镜,能够在其他星球上看到我们在地球上能够分辨的同样小的物体。

牛顿证明,我们已经不能再进一步改进望远镜,原因就是光的折射和折光度的问题。光的折射和折光度在将我们拉近物体的同时,也使我们过分地脱离了基本光线。他计算了镜片当中红色光线和蓝色光线脱离的比例。有些东西我们根本想不到其存在,他却用这些东西进行证明,用来考察镜片的形状和折光度所产生的不均等性。他发现,望远镜的镜头一面凸,一面平,如果平的一面对着物体,由于镜片的制造和位置所导致的缺陷,比折光度所造成的缺陷要小五千倍。因此,人们之所以不能再改善望远镜,不是由于镜片形状的问题,而是光的物质本身所造成的。

所以,他制造了一种通过光的反射来看到物体的望远镜,而不是通过光的折射。这种新的望远镜很难制造,而且使用起来也不是很容易。在英国人们甚至说,一架五尺长的反射光望远镜,其效果比得上一百尺长的折光望远镜。

第十七封信：关于无限和纪年

关于如迷宫和深渊一般的无限，牛顿也进行了探索，我们从他那里得到一些线索，可以对有关无限的问题进行探讨。

在这个令人感到吃惊的新的问题上，笛卡尔仍然是牛顿的先驱。笛卡尔的几何学当中大步地走向无限，但是他停在了无限这一概念的边缘上。在上个世纪中期，华里斯先生[①]通过循环除法，是第一个把分数变成无限级数的人。

布兰克尔爵士[②]用这一级数来求取双曲线的平方。

麦卡托[③]发表了这个求积法的证明式。差不多就是这个时候，牛顿在二十三岁的年纪上，发明了一种通用的方法，把原来只在双曲线上试用的求积法，用在了所有的曲线上。

人们把这种在种种场合将无限代入代数计算的方法，称之为微分（或者流数术）和积分计算。这是一种技艺，用来准确地计数和测量我们甚至无法设想其存在的事物。

的确，当有人对你说，有的线条是无限地大，却又形成一个无限小的角的时候，你不觉得那是有人在取笑你吗？一条直线只有

① 华里斯(John Wallis,1616—1730)：英国数学家。

② 布兰克尔爵士(William Brouncker,1620—1684)：英国数学家。

③ 麦卡托(Nicolas Mercator,1620—1687)：德国数学家。

当它是有限的时候,才是直线,如果它在无限小的程度上改变了一点点方向,那么它就会成为一条曲线;而一条曲线可以在无限小的程度上变得曲度更小。有无限大的正方形,无限大的立方体,以及无限的无限,在无限之前的一个数与无限相比时,根本就是微不足道的。当有人对你讲到这些东西时,你不觉得那人是在取笑你吗?

所有这一切初一看来,都像是极其没有道理的事物,但实际上确是人类精神在精细程度和广度上做出努力的结果,是找到了在此之前人们还不了解的真理的方法。

这一如此大胆的建筑甚至是在简单观念的基础上建立起来的。那就是测量一个正方形的对角线,求得一条曲线的面积,找到一个数的平方根,而在普通的算术当中,这个数是没有平方根的。

但不管怎么说,这么多属于无限的事物,大概不会比一些著名的命题更加令人难以想象,比如,在一个圆和一条切线之间,永远可以有曲线通过;或者物质是永远可分的。这两个真理很久以来便得到了证明,但是也和其他的真理一样令人难以理解。

在很长时间里,总有人对牛顿是否发明了这一著名的计算方法提出异议。牛顿称之为流数术的计算,在德国被称之为微分学,据说是莱布尼兹发明的,而贝努里(Bernoulli)也自称是积分学的发明者。但是,首先发现微积分的荣誉仍然归属于牛顿,其他人的本事仅仅在于让人怀疑发明者究竟是牛顿还是别人。

正好比有人不同意是哈维[1]发现了动物的血液循环,怀疑不

[1] 哈维(William Harvey,1578—1657):英国生理学家。

是佩洛[1]发现了植物的汁液循环。哈特索克[2]和列文虎克[3]互相不承认是对方首先发现了使人得以孕育的精虫。同一个哈特索克甚至与惠更斯[4]争夺计算恒星距离的新方法的发明权。我们还不知道究竟是哪一个哲学家发现了转迹线的问题。

不管怎么说,牛顿是通过无限的几何达到了知识的最高峰的。

我还要谈一谈的是另一个成就,虽然这是一个人们更容易懂得的成就,但也表现出了牛顿在所有的研究当中都有的创造精神。那是一种全新的纪年学。因为,不管从事何种研究,他都会改变其他人既定的观念。

人们经常把古代的传说与历史相混淆。牛顿习惯了清理混乱的东西,于是也想对古代的传说做些正本清源的工作,将众说纷纭的纪年学确定下来。的确,任何一个家庭、一座城市、一个民族,都想把自己的起源推向更加古老的时代。另外,最初的历史学家在标注日期方面是最疏忽大意的人。他们的作品的流通较之今天差了千倍;因此,因为受到的批评比较少,他们也就可以肆无忌惮地欺骗世人了。因为作品中显然假设了一些事实,很可能一些日期也是这样杜撰出来的。

一般来说,牛顿认为世界比各种纪年学所说的年龄要年轻五百岁。他的观念是建立在自然进程和天文观测的基础之上的。

---

① 佩洛(Claude Perrault,1613—1688):法国建筑师、医生、解剖学家以及医学作者。

② 哈特索克(Hartsoeker,1656—1725):荷兰显微学家。

③ 列文虎克(Antony van Leeuwenhoek,1632—1723):荷兰显微镜学家、微生物学的开创者。

④ 惠更斯(Christian Huyghens,1629—1695):荷兰数学家、物理学家、天文学家。

我们在这里说的自然进程,指的是每一代人的时间。埃及是最早用这种不确定的方式来计数的。当他们想记述其历史的起源时,他们认为从美尼斯到塞东[①]经过了三百四十一代人。由于没有确定的日期,他们按照三代人为一百年来推算。因此从美尼斯统治时代到塞东统治时代,他们认为经过了一万一千三百四十年的时间。

希腊人在采用奥林匹亚纪年法之前,也是按照埃及人的办法计算的,甚至还把每一代人的时间延长了一些,认为每一代人为四十年。

然而在这个问题上,埃及人和希腊人都算错了。的确,按照自然的一般进程,三代人大约为一百年到一百二十年。但是,三个朝代的总计时间到不了这个数,显而易见的是,一般人们活在世上的时间比国王统治的时间要长。因此如果一个人想写历史,但他不知道准确的日期,而是知道在某个国家有过九个国王,便认为这九个国王统治的时间一共有三百年,那他就大错而特错了。每一代人大约为三十六年。每一个朝代的统治时间大约为二十年,人的寿命比王位的寿命要长。比如英国自从征服者威廉[②]一直到乔治一世[③]的所有国王,一共统治了六百四十八年,按照三十个国王来平均分,每个国王的统治时间差不多也就是二十一年半。法国的六十三个国王一朝接一朝,每一朝统治的时间大概是二十年。这

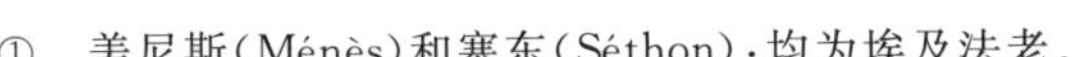

① 美尼斯(Ménès)和塞东(Séthon):均为埃及法老。

② 征服者威廉(Guillaume le Conquérant,1027—1087):即英国国王威廉一世,在位时间1066—1087。

③ 乔治一世(Georges premier,1660—1727):在位时间1714—1727。

才是自然的一般进程。因此，当古人认为一个国王的统治时间与一代人的时间一样长时，他们算错了，他们把王位的寿命算多了。因此，要从他们算出的年份当中减去一些。

天文观察似乎还能给我们的哲学家帮上大忙，从而使得哲学家在为自己的主张辩护时显得更加有力。

你知道，先生，地球除了绕着太阳从西到东每年转一圈的运动之外，还有一种十分特别的旋转运动，这种运动在不久之前还完全不为人所知。地球的极地还有一种极其缓慢的从东向西的逆向运动，因此，每天极地所对应的天空中的点位并不完全一样。这种差别在一年之内并不明显，但时间长了差别就很大了，而且经过七十二年之后，其差别会达到一度，也就是整个天空的三百六十分之一。因此，每隔七十二年，春分时的二分线经过一颗恒星，与另一颗恒星相对。由此导致，太阳不像希帕克斯[①]时代位于白羊座所在的天空，而是位于金牛座所在的天空了，当时金牛座所在的位置现在换成了双子座。各个星座的位置都变了。可是我们仍然采用古人的说法。我们说春天，太阳在白羊座的方位，就好比我们仍然自以为是地说，是太阳在运动一样。

在希腊人当中，希帕尔格第一个注意到星座相对于二分点的位置有些变化，或者更准确地说，他是从埃及人那里得知了这种位置变化的。哲学家认为这是由于恒星的运动所导致的。因为当时的人们远没有想到地球还会有这样的旋转运动，人们认为地球在各个方向上都是静止不动的。于是古人想象了一片天空，天空上

① 希帕克斯(Hipparque)：公元前 2 世纪希腊天文学家。

各个恒星的位置都是固定的,认为天空有一种特别的运动,使得天空向东方前进,而所有的恒星每天都在从东向西走行。除了这个错误之外,他们还犯了另外一种更加根本性的错误。他们认为,恒星的所谓天空每一百年向东方运行一度。因此,在天文学的计算和在物理系统中一样,他们都错了。比如当时的一位天文学家会说:“在某位观察家的时代,春分线在某个星座上,与某恒星相对;自从这个观察家的时代以来一直到现在,春分线移动了两度;而两度就相当于两百年。因此,这位观察家是生活在我之前两百年的人。”可以肯定的是,这样考虑问题的天文学家算错了五十四年。正因为如此,古人犯了双重的错误,认为世界大年,也就是整个天空旋转一圈的时间大约是三万六千年。但是对于现代人来说,古人想象的恒星天空的旋转不是别的,正是地球两极的自转,而地球两极自转一圈所用的时间为两万五千九百年。我们在这里顺便应当指出的是,牛顿在确定地球的形状的同时,非常恰当地解释了地球两极自转的原因。

在阐述了这些内容之后,为确定纪年法,我们还要看一看今天的两分线在春天的时候通过哪一个恒星与黄道相切,还要知道以前的古人是不是说过当时同一条两分线在哪个点上与黄道相切。

克勒蒙·亚历山德勒[①]记载说,参加了阿耳戈远征[②]的喀戎[③]在这次著名的远征时观察了星座,并指出说,春分点在白羊座的中

① 克勒蒙·亚历山德勒(Clément Alexandrin,150—215):基督教神学家。

② 阿耳戈远征队:希腊神话中的一伙英雄,乘坐阿耳戈船到科尔基斯(今天的格鲁吉亚)去寻找金羊毛。

③ 喀戎(Chiron):古希腊神话中的英雄,以善良和智慧著称。

间，秋分点在天秤座的中间，夏至点在巨蟹座的中间，冬至点在摩羯座的中间。

在阿耳戈远征之后很久，伯罗奔尼撒战争的前一年，默冬[①]观察到夏至点穿过巨蟹座的八分之一度。

然而，黄道十二宫的每一个星座都是三十度。在希隆时代，二至点在星座的一半位置，也就是说，是在十五度位置上。在伯罗奔尼撒战争前一年，二至点在八分之一位置上，因此二至点延迟了七度。一度相当于七十二年，所以说从伯罗奔尼撒战争开始到阿耳戈诺特远征，只有七个七十二年，也就是五百零四年的时间，而不是希腊人说的七百年。通过比较今天的天空和古时候天空的状态，我们看到阿耳戈诺特远征大约是在公元前九百年的事，而不是公元前一千四百年。因此，世界历史比我们想象的要少大约五百年。这样一来，各个时代都离现在更近了，各个事件发生的年代都比人们所说的要晚。我不知道这一巧妙的系统是不是能够受到人们的欢迎，人们是不是愿意在这些观念的基础上决定改变世界的纪年法。也许学者们认为，牛顿一个人使物理、几何和历史都得以改进，但如果把荣誉都给他一个人，那有点过分了吧。这就好比是一个专制君主，其自尊心是很难将就的。因此，有些很伟大的哲学家在引力的问题上攻击他，也有的哲学家在纪年系统的问题上打击他。本来只有时间能够让我们看到胜利究竟属于谁，但是时间也许会让争论变得更加不确定。

① 默冬(Méton)：公元前五世纪古希腊的天文学家、数学家和工程师。

第十八封信：关于悲剧

当法国只有露天的流动剧场的时候，英国和西班牙一样，已经有剧院了。莎士比亚（Shakespeare）被认为是英国的高乃依[①]，大约是在洛泼·德·维加[②]时代盛极一时的。莎士比亚创造了戏剧。他的天才充满力量、丰富多彩、自然而卓越，却没有一星半点的高雅，也不墨守任何规则。我来告诉你一件偶然巧合的事，但这是真的：那就是莎士比亚的功劳断送了英国的戏剧。他的作品人们称之为悲剧，但其实是一些可怕的闹剧，不过其中散布着一些非常美好的场景，一些十分伟大的、非常好的片断，所以他的剧本上演时总是受到人们的热烈欢迎。成就人的名声的，一向只有时间，而时间也终于使人的缺点成了受人尊敬的东西。过了两百年之后，莎士比亚大部分怪诞而非同凡响的思想终于成了卓绝的思想。现代的作者几乎没有一个不抄袭他的。但是，在莎士比亚的作品中获得了成功的，在现代作者的作品中却被人叫倒好，而且你的确应该相信，人们越是蔑视现代的剧作者，对作为古人的莎士比亚就越是尊崇。人们并没有想到本不应当模仿莎士比亚，而抄袭莎士

① 高乃依（Corneille，1606—1684）：法国悲剧作家。

② 洛泼·德·维加（Lope de Véga，1562—1635）：西班牙剧作家、诗人、小说家。

比亚的人所遭受的厄运只是让人们认为，莎士比亚是不可模仿的。

你知道在十分动人的悲剧奥赛罗当中，一个丈夫在舞台上掐死他的妻子，当可怜的妻子被掐住的时候，她叫喊说她的死是不公正的。你也不是不知道，在《哈姆雷特》当中，一些掘墓人一边挖墓坑，一边喝酒，还一边唱小调，偶然挖到死人的骷髅头时，还会开些只有干他们这种事的人才适合开的玩笑。但是，使你感到吃惊的是，在查理二世统治时期，竟然也有人模仿这种东西，而查理二世时代是讲究礼貌的时代，也是美术的黄金时代。

奥特维[①]在《得救的威尼斯》(Venise sauvée)当中，让参议员安东尼奥和妓女纳吉参与了培特麦尔侯爵可怕的阴谋。参议员安东尼奥是个阳痿的老色鬼，荒淫无耻，在情妇的身边丑态百出。他模仿公牛和狗，咬情妇的大腿，而情妇则用脚踢他，用鞭子抽他。人们删除了奥特维的剧本中这些表现下流行径的滑稽场景。但是，在莎士比亚的《裘里斯·恺撒》(Jules César)当中，人们却保留了布鲁图斯和凯歇斯[②]口中那些下流的玩笑。因为奥特维的蠢话是现代的，而莎士比亚的蠢话是古代的。

你大概会抱怨说，到目前为止向你谈到过英国戏剧的人，尤其是向你谈到著名的莎士比亚的人，还一向只是让你看到了他的错误，却没有任何人提到过哪怕是一处能够使他的错误得到原谅的令人叫绝的地方。我要回答你的是，用白话来指责一个诗人的错误，真是谈何容易，但是要想表现出诗的美，那是非常难的。以批

① 奥特维(Thomas Otway，1652—1685)：英国剧作家。

② 布鲁图斯和凯歇斯：都是莎士比亚剧作《裘里斯·凯撒》中的人物，两人一起刺杀了凯撒。

评者的身份反对著名作家的那些低能儿，倒是杜撰了不少书。但是我宁愿看上两页能够让我们得到一点点美感的文字，因为我一向与情趣高尚的人一样认为，哪怕只读荷马[①]和维吉尔[②]的十句诗，也比通读人们写的关于这两位伟大人物的所有的批评文章更能让我们受益。

我大胆地翻译了英国一些最好的诗人的一些诗，其中有一部就是莎士比亚的诗。看在原作的份上，请你宽宏地对待翻译作品吧。请永远不要忘记，当你读一部翻译的作品时，你所看到的，只是一幅美好图画的粗浅的复制品而已。

我选择了《哈姆雷特》悲剧的独白，这是尽人皆知的，独白的开篇第一句诗就是："生存还是死亡，这是个问题"。讲这番话的，是丹麦的王子哈姆雷特：

等一等；必须做出选择，而且要在顷刻之间
从生到死，或者从存在到虚无。
残酷的神啊！如果真的有神，那请你给我勇气。
我要卑躬屈膝地忍受侮辱我的人，在他的手下终老此生，
是忍受还是结束我的不幸和命运呢？
我是谁？谁能阻止我？何为死亡？
这是我的痛苦终点，是我唯一的庇护之所；
经过久久的狂乱之后，终于安稳地睡了；

---

① 荷马（Homère）：古希腊著名诗人。

② 维吉尔（Virgilé）：古罗马诗人，著有《埃涅阿斯纪》。

人们睡了，而且一切都死了。
但是也许在甜蜜的睡眠之后，是可怕的清醒。
有人在威胁我们，他们说这短暂的生命
之后，继之而来的，立刻就是永恒的痛苦。
噢！死亡，必然会到来的时刻！可怕的永恒！
只要一听到你的名字，人心都会恐惧，都会发冷。
唉，如果没有你，谁能忍受这样的生活，
谁能祝福谎话连篇的教士的伪善，
谁能恭维可耻的情妇的错误，
谁能匍匐在权贵面前，崇拜他的高傲，
并让掉头而去的、忘恩负义的朋友们看到
自己那沮丧的灵魂是多么疲惫？
在极端的苦难当中，死亡是多么甜蜜啊。
但是良心不昧，并向我们发出呐喊：
"停下手来！"良心拦住我们的手，不让我们犯下如此杀戮，
让我们从战争的英雄变成腼腆的基督徒，

如此等等。

不要以为上面的文字是我按照英语的字面翻译过来的。只会按字面翻译的译者是不幸的，按照字面逐句翻译只会背离意义。正是在这一点上，我们可以说文字只会害义，而精神能使文章充满生气。

下面还是英国一部著名悲剧的一段文字，作者是查理二世时

代的诗人德莱顿[1],一个多产的作家,但是他的作品说不上精练。如果他的作品只有实际作品的十分之一,那他的名声会更加响亮。他的问题是想成为具有普遍意义的作家。

这段文字是这样开始的:

当我考察生活时,我发现一切都是欺骗。
但是受到希望的诱惑,人们对骗局还是不能释怀。
从抱负到遗憾,从错误到希望
失去了理智的世间凡人到处招摇其疯狂行径。
在现世的不幸当中,在对快乐的希冀当中,
我们从来不是在生活,我们是在期待生命。
人们说,明天,明天你的一切愿望都将得到满足;
明天来了,而我们却更加不幸。
是何种错误的忧虑在吞噬着我们?
我们当中谁也不愿意让它再来一遍:
我们诅咒最初时刻的曙光,
而且我们仍然对于正在到来的夜有所期待
期待最美好的日子徒然向我们许下的诺言,

如此等等。

到目前为止,之所以说英国的悲剧作家表现出色,正是从这些

① 德莱顿(John Dryden,1631—1700):英国诗人、作家。

截取的片断当中看出来的。他们的剧本几乎没有一部不是野蛮的,都没有规矩,缺乏秩序,表现的生活不真实,只是在一片黑暗当中闪现出令人吃惊的点点光亮。英国的剧作家一般文笔太浮夸,太缺乏自然,向希伯来的作家抄袭的痕迹太重,而希伯来的作家文笔当中充满了亚洲人的那种夸饰。但是我们也必须承认,使得英国语言显得矫揉造作的形象化的夸张风格,使本来就已经站得很高的精神更上一层楼,虽然其做法并不是十分规则。

英国第一个把剧本写得合情入理,从头到尾都很优雅的人,是著名的艾迪生先生①。他的《禹狄克的加图》(Caton d'Utique)不管是从措辞还是从优美的诗句上来看,都是一部杰作。我觉得加图这个角色,确实比高乃依《庞贝之死》(Pompée)中的高乃里高出许多。因为在艾迪生的剧本当中,加图伟大而不夸张,而高乃里在高乃依的剧本中并不是一个非有不可的人物,而且有的时候,这个人物说的一些话简直让人觉得莫名其妙。我认为艾迪生先生的加图是舞台上最美好的人物,但是剧中其他的角色却很不相称,而且作品虽然写得很好,但是情节缺乏情感,使得整个剧本因了无生气而面目全非,显得很失败。

在悲剧作品当中胡乱引入爱情的习气,在1660年前后从巴黎传到了伦敦,附带着引进的,还有我们的彩带和假发。和这里一样,妇女是戏剧演出的装饰,她们无法再忍受戏剧中没有爱情。明智的艾迪生和气而殷勤,愿意让自己严谨的性格服从于当时的风尚,于是迎合世人,让一部杰作失去了光彩。

① 艾迪生(Joseph Addison,1672—1719):英国作家。

自从艾迪生以来，剧作变得更加规矩了，民众变得更加挑剔，作者也变得不大出格，不那么大胆。我看到过的一些新的剧本都很正经，但是也冷冰冰的。似乎到目前为止，英国人就是为了写出一些超凡脱俗的美而生的。与现代舞台上一些规规矩矩的人物相比，莎士比亚那些光彩夺目的怪诞人物千百倍地更招人们喜欢。到目前为止，英国人的天才诗人就像生长在大自然中的一棵茂盛的大树，尽情而随意地抽出成千上万的枝条，参差错落而有力地生长着。如果你想强制它的天性，想把它修剪得像马尔利[①]的花园中的一棵树，那它一定会死掉的。

① 马尔利(Marly)：法国城市，路易十四在那里建造了一个行宫。

第十九封信：关于喜剧

我们有德·缪哈特先生[①]写的关于英国人和法国人的书信。我不知道这位多才多艺的先生在谈到喜剧时，为什么仅仅局限于批评一个名叫沙德威尔(Shadwell)的喜剧作家。这个作者在当时颇受人们蔑视，根本不是正派人所喜欢的诗人。他的剧本被演出过不多的几次，受到老百姓的喜欢，但情趣高尚的人是看不上的，与我在法国看过的很多剧本相似，虽能吸引人群，但是读者看了剧本，却会感到气愤。对这样的剧本，我们可以说：

"整个巴黎的人都在谴责，整个巴黎的人都跑去看。"

好像德·缪哈特先生本可以向我们谈一谈生活在那个时候的一个杰出作者，那就是威彻利先生[②]。在很长时间里，威彻利被认为是查理二世最著名的情妇公开的情人。这个整天混迹于上流社会，对上流社会的流弊和可笑之处了如指掌的人，用最为犀利的文笔、最真实的色彩，描绘了上流社会的人群。

他模仿莫里哀[③]，写了一个愤世者的形象。威彻利先生的人

---

① 德·缪哈特(Béat Louis de Muralt，1665—1749)：瑞士作家，著有《关于英国人、法国人以及他们工作的书信》。

② 威彻利(William Wycherley，1641—1716)：英国剧作家。

③ 莫里哀(Moliere，1622—1673)：法国著名喜剧作家。

物特点比我们的愤世者要更加有力和更加大胆。但是,同时也不那么细致,显得不那么恰当。英国的作者修改了莫里哀作品当中唯一的缺点。这个缺点就是缺少情节,不太引人入胜。英国的剧本很有吸引力,而且情节编排得也很巧妙,也许相对于我们的风尚来说,是太大胆了些。剧本讲的是一个船长的故事。船长勇敢、坦率,但是对人的态度十分轻蔑。他有个朋友,是个明智而真诚的人,他对这个朋友怀有戒心;他还有个情妇,情妇非常深情地爱着他,但是他却连看也不看她一眼。相反,他全心全意地信任一个虚伪的朋友,一个最为卑鄙无耻的小人,同时也真心实意地爱一个世上最会卖弄风情、最恶毒的女人。不过他深信,他爱的这个女人就像贞洁的佩涅洛佩(Pénélope)一样,他以为虚情假意的朋友就像为人严谨的加图(Caton)一样。他要出发去与荷兰人打仗,走之前把金钱、宝石以及他所有的一切都交给他认为品德高尚的女人,又把女人托付给他十分信任的朋友。然而,他心中戒备的真正诚实的人,却和他一起上船出发了。他不屑一顾的情妇化装成随从,跟着船长一起出征,而在整个出征的过程中,船长也根本没有发现这个随从原来是个女人。

战舰在一次战斗中被炸沉了,船长便与随从和朋友回到伦敦。他找不到救援,没有了船,也没有钱,得不到朋友的友谊,也没有女人爱他。他一直来到世间最可爱的女人家里,打算重新要回他的财富和她的忠诚,却发现她与受他托付照顾那女人的骗子结婚了,他托付的金银财宝全都没有了,一切的一切都没有了。那人无论如何也不相信,一个善良的女人能够干出这种事来。但是,为了更好地让他心服口服,这个假装正经的女人爱上了小随从,而且硬要与之发生关系。不过，正义必须得到伸张，而且在一部剧作当中，必须惩恶扬善。所以到了最后，船长代替了随从，与那个水性杨花的女人睡了，让背信弃义的朋友戴了绿帽子，并一剑刺穿了这家伙的胸膛。船长收回了自己的金银财宝，娶了他的随从为妻。你会发现，剧中还有一个名叫庞伯施公爵夫人的人物，使剧情显得更加拖沓。庞伯施公爵夫人是个处处保护主人公的老太太，是船长的亲戚，也是戏剧舞台上最讨人喜欢的大好人。

威彻利先生还根据莫里哀的戏剧，改编了一部同样特别、同样大胆的作品，一部类似于《太太学堂》的剧本。

剧本的主要人物是个很有女人缘的怪人，伦敦的丈夫们个个都怕他会与自己的老婆有一腿。伦敦的丈夫们为了对他的行径做到心中有数，便心生一计，散布说，在他上次生病的时候，外科医生认为，把这个人给阉割了，应该是个不错的选择。有了这种名声之后，人们都放心地把自己的老婆给他领来，让这个可怜的家伙不知选择哪个好。他喜欢上一个乡下的小妇人，小妇人十分天真，有性格，而且心甘情愿地让丈夫戴了绿帽子，她比那些心怀鬼胎、手段老辣的太太们要强多了。从某种意义上说，这个剧本里的学堂，不是要教人如何成为良家妇女，而是教人如何富有机智，如何引人发笑。

一个名叫凡布鲁[①]的骑士写的一些喜剧虽然更加有趣，但是技巧就没有那么好了。这位骑士是个乐于吃喝玩乐的人。除此之外，他还是个诗人和建筑师。据说他写诗和盖房子一样，文字有点

① 凡布鲁(John Vanbrugh，1664—1726)：英国建筑师与剧作家。

粗糙。著名的布兰海姆城堡就是他盖的，是纪念我们不幸的霍切斯特战役的一个建筑物，外观显得十分笨重，但是会百年不坏。如果里面的房间足够大，正好比里面的墙壁如城墙一般厚，那么这个城堡也就相当舒服了。

人们在范布勒的墓志铭上写道，但愿他不要觉得地球太轻，因为在他生前，他曾毫无人性地给地球增加了那么多的负荷。

这位骑士在1701年的战争之前到法国来过一趟，被关进巴士底狱待了一段时间，却永远没有搞清楚法国司法部为什么给了他如此不同一般的待遇。他在巴士底狱写了一部喜剧的剧本。我觉得很奇怪的是，法国如此粗暴地对待他，可是在这个剧本当中，我们没有看到他有任何对这个国家不满的蛛丝马迹。

英国人当中将喜剧推向最高峰的，是已故的康格里夫先生[①]。他写的剧本不多，但是每一部都是喜剧中的杰作。他的剧作严格遵守戏剧的规则。剧中有很多性格不同的人物，描写极其细腻。作品中没有低级趣味的玩笑。剧中到处都是诚实人的语言，到处都是骗子的行径，这就说明他对自己所处的世界是非常了解的，而且他周围的人都是所谓的有教养的人。我认识他时，他已经身不由己，而且已经是个快要死的人。他有一个缺点，那就是不太看重他作为作者的第一职业，而他的名声和财产都来自于这个职业。在谈到他的作品时，好像那都是些与他的身份不相称的琐碎东西，而且在我们第一次谈话时，他便对我说，一定要把他看成是一个生活自由自在的绅士。我回答他说，如果不幸他只是个一般的绅士，

① 康格里夫(William Congreve，1670—1729)：英国剧作家、诗人。

我就不会来看他了，而且，对这种很不合时宜的虚荣，我感到十分不快。

他的剧本有思想，描写得是最为准确的。而范布勒的作品格调最为欢快，威彻利的作品最为有力。

应当指出的是，在这些文人当中，没有任何一个说过对莫里哀不敬的话。在英国只有蹩脚的作者才会说这个伟大人物的坏话。好比在意大利只有蹩脚的音乐家才会看不起吕利[①]，而像博农奇尼[②]这样的人却尊重吕利，为吕利说公道话。同样，像米德(Mead)这样的人是会尊重爱尔维修[③]和西尔瓦[④]之类的人物的。

英国还有很好的喜剧诗人，比如斯蒂尔骑士[⑤]和西伯尔先生[⑥]。西伯尔先生是很好的喜剧演员，还是国王的诗人。这种官衔看起来很可笑，但是能让人得到每年多达一千埃居的收入，还有很多其他的特权。我们伟大的高乃依可没有享受过如此高的待遇。

另外，请不要要求我在这里介绍我非常喜欢的这些剧本的细节，也不要指望我会讲述威彻利和康格里夫的美文或者玩笑。好笑的东西经过翻译之后也就不好笑了。如果你想了解英国的喜剧，那没有别的办法，只好亲自到伦敦来，在这里待上三年，学好英

---

① 吕利(Jean-Baptiste Lully，1632—1687)：意大利出生，路易十四的宫廷作曲家。

② 博农奇尼(Giovanni Buononcini，1670—1747)：意大利巴洛克作曲家、歌唱家。

③ 爱尔维修(Claude Adrien Helvétius，1715—1771)：18世纪法国启蒙哲学家。

④ 西尔瓦(António José da Silva，1705—1739)：葡萄牙剧作家。

⑤ 斯蒂尔骑士(Richard Steele，1672—1729)：爱尔兰作家和政治家。

⑥ 西伯尔(Colley Cibber，1671—1757)：英国剧作家、诗人。

语，并且天天去看喜剧。在阅读普罗特[①]和阿里斯多芬[②]的作品时，我也没有得到过更多的乐趣，为什么呢？因为我既不是希腊人，也不是罗马人。美文的细腻之处，字词的言外之意，即景的话语，所有这些东西，都不是外国人能够理解的。

悲剧就不一样。悲剧当中所涉及的，都是伟大的情感和充满豪情的蠢话，都是在寓言和历史中沉淀的古老的谬误。俄狄浦斯[③]、厄勒克特拉[④]属于希腊人，但是也同样属于西班牙人，属于英国人，也属于我们。但是，好的喜剧表现的是一个民族的可笑之处，是一幅会说话的图画。如果你对这个民族了解得不够深刻，你就无法评判这幅画的妙处。

① 普罗特(Plaute，公元前254—前184)：古罗马剧作家。

② 阿里斯多芬(Aristophane，约公元前446—前354)：古希腊喜剧作家。

③ 俄狄浦斯(Oedipe)：希腊神话中的悲剧人物，他在不知情的情况下，杀父娶母。

④ 厄勒克特拉(Électre)：希腊神话中俄狄浦斯的姐姐。

第二十封信：关于培养文学爱好的达官贵人们

在法国，有一段时间国家的一流贵人很注重培养对美术的爱好。王宫的朝臣也染指其中，虽然国家的各路神明生活奢靡，喜欢的都是一些毫无价值的东西，热衷于阴谋诡计。

我认为在宫廷中，人们喜欢的不是文学，而是其他的东西。也许过一段时间之后，思想的时尚会回归本来：一个国王，想怎么样就怎么样；这个民族，国王想让它成为什么样，它就会成为什么样。在英国，人们的思想都是一样的，而且文学在英国比在法国更为人所看重。这一好处是英国人治国形式的一个必然结果。在伦敦，大约有八百人有权利在公共场合讲话，并支持民族的利益。大约有五、六千人也想得到同样的荣誉。所有其他人都会对这些人评头品足，而且每个人都可以把自己对公共事务的想法印成书。因此，整个民族都必须学习。这里的人们口口声声谈论的都是雅典和罗马的政府。不管怎么样也要读一读论述这些问题的作品，虽然心里很烦。这种学习自然而然地导致人们关注文学。一般来说，人们的精神与国家的精神是分不开的。为什么一般我们的法官、我们的律师、我们的医生以及很多宗教界人士，比从事其他职业的人要更有文化、更有情趣和思想呢？实际上是因为他们的职业需要他们更有修养，正好比一个商人要熟悉自己的业务一样。不久之前，英国有个很年轻的贵人从意大利回来后，到巴黎来看我。他用诗句把意大利描绘了一番，文字规规矩矩，就好像罗切斯特伯爵①，以及我们的舒里欧②、萨拉辛③和夏贝尔④之流的作家一样。

我的译文远没有表现出原作的犀利和富有表现力的玩笑，所以我不得不一本正经地请求作者和懂得英文的人原谅。但是，没有办法，只能这样介绍这位爵士的诗句……下面就是我的译文：

我在意大利看到了什么？
傲慢、奸诈和贫穷，
言辞溢美，却没有善意，
人们时时处处装腔作势，
明明是一出荒唐的喜剧（他指的大概是某些传教士在街头演的滑稽剧）
宗教裁判所却常常
要我们称之为宗教，
可是我们却称之为疯狂。
大自然虽然充满善意
想让这些迷人的地方变得富足，

① 罗切斯特伯爵（comte de Rochester，1642—1711）：英国政治家、作家。
② 舒里欧（Guillaume Amfrye de Chaulieu，1639—1720）：法国诗人。
③ 萨拉辛（Jean-François Sarrasin，1611—1654）：法国作家、诗人。
④ 夏贝尔（Jean de La Chapelle，1651—1723）：法国作家、戏剧家。

可是一些教士却用摧残一切的手
扼杀了它最美好的礼物。
主教们，那些所谓的大人们，
单独住在豪华的宫殿里，
不过是些著名的懒汉，
小人物们没有钱
没有奴仆，没有自由，
戴着枷锁受苦受难，
他们发愿忍受贫穷，
闲来无事便乞求上帝，
总是由于饥荒而挨饿。
而受到教皇祝福的好地方
好像都让魔鬼占去了，
悲惨的老百姓
都在天堂里受苦。

也许人们会说，这些诗是异端分子写的。不过，天天都有人在翻译贺拉斯[①]和朱文纳尔[②]的诗，而且还翻译得很蹩脚，不幸的是这两个人也是异教徒。你知道，译者不应当为他翻译的作者的观念负责。译者所能做的，就是乞求上帝，让上帝去改变作者的信仰。为了这位英国爵士的信仰问题，我也要这样做。

① 贺拉斯(Horace，公元前65—前8)：罗马诗人、批评家。
② 朱文纳尔(Juvénal，55—127)：罗马诗人。

第二十一封信：关于罗切斯特伯爵和韦勒先生

大家都知道罗切斯特伯爵(comte de Rochester)的大名。德·圣艾夫勒蒙先生[①]常常谈到他。但是，从他向我们介绍的著名的罗切斯特来看，那只不过是个喜欢吃喝玩乐的人，是个艳福不浅的人。但我想让人知道的是，他是一个天才的人，一个伟大的诗人。有些作品表现了他热情洋溢的想象力，这是他所特有的；除此之外，他还选择与我们著名的德普雷奥(Despréaux)相同的主题，写过一些讽刺诗。我认为，要想改进自己的志趣，最有用的办法，莫过于比较以同样的题材创作了作品的伟大天才。

德普雷奥先生在以人为题的讽刺诗当中，是这样来批判人的理性的：

然而，我看到他淹没在一片淡淡的雾气里，
他自己也沉湎在幻想当中，
在大自然当中，他自己就是自己的基础和支撑，

---

① 德·圣艾夫勒蒙(Charles de Saint-Évremond，1613—1703)：法国军人、随笔作家、文学评论家。

而且有十分之一的天空只为他在旋转。
在所有的动物当中，他是这里的主人；
谁能否认这一点呢？你继续说。
也许我能：这位所谓的主人握有动物的生杀大权，
他是动物之国王，国王有多少呢？

罗切斯特在以人为题的讽刺诗中大概也是这样说的。不过读者应该永远记得，这只是对英国诗的自由翻译而已，而且我们的格律很有局限性，我们的语言很难表达得恰到好处，所以无法表现出英国诗风里那种力透纸背的流畅之感。

我憎恨这种精神，这种充满错误的精神，
那不是我的理性，而是你的，博士。
那是你的轻浮、忐忑、骄傲的理性，
是聪明的动物目空一切的对头，
认为一边是这些动物，一边是天使，自己在正中间，
认为在尘世间，自己代表了上帝的形象，
一个下流而讨厌的原子，相信、怀疑、争辩、
匍匐、站起来、倒下去，而且还否认自己的堕落；
理性对我们说："我是自由的，"
一边说，一边让我们看他的镣铐，
而且那双混浊而昏花的眼睛自以为能望穿宇宙。
算了吧，可敬的疯子，幸福的狂徒！
好好地去编造你们那一堆经院哲学的废话吧！

是你们杜撰了神圣的幻象和奥秘，
是你们杜撰了让你们不知南北的迷宫，
你们去浑浑噩噩地阐述奥秘吧，
赶快到学校去跪拜你们的幻想吧！
还有其他的错误，还有那些虔诚的信徒，
他们自己就注定了会在清静中得到烦恼。
这种被关在暗室中的神秘学，对自己的麻木感到自豪，
躺在上帝的怀中心安理得，他在干什么？
他在思想。不，可悲的东西，你不是在思想，
你是在睡觉，你对世界毫无用处，
你被认为和死人一样；
你的精神软弱无力，在倦怠中腐败；
醒来吧，像个人一样，摆脱你的迷梦吧。
人生来就应该行动，而你却自称是在思想！

不管这些思想是真是假，但可以肯定的是，表达这些思想的力度才是诗人的功夫。

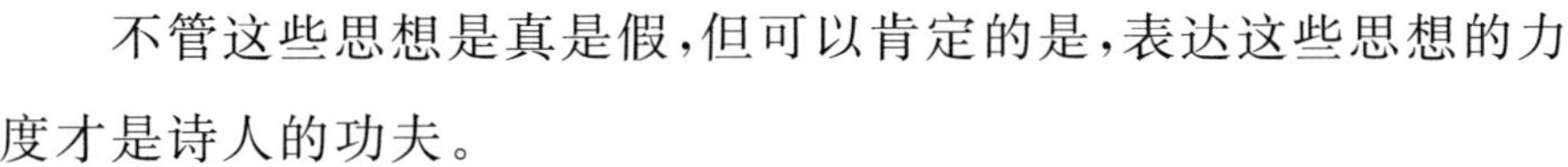

我就不以哲学家的身份来考察这些东西了，我们只欣赏文笔，就不去考虑其内容正确与否了。在这封信中，我唯一的目的，就是介绍英国诗人的天才，那么我就接着这样介绍吧。

在法国，人们经常听到有人谈论著名的韦勒[①]。拉封丹先

① 韦勒(Edmund Waller，1606—1687)：英国诗人、政治家。

生[1]、德·圣艾夫勒蒙先生(Saint-Évremond)和培尔先生(Bayle)都赞美过韦勒。但是人们对韦勒只知其名。他在伦敦的名声大约相当于瓦蒂尔[2]在巴黎,而且我认为韦勒的名声更加名副其实。瓦蒂尔所处的时代是人们刚刚从野蛮当中走出来,仍然处在无知当中。人们想有思想,可是当时的人们还没有。人们追求的是怎么遣词造句,而不是如何思想:能够闪光的假货比真正的宝石好找。瓦蒂尔天生是一个性情浮浅、才思敏捷的人,在法国文学的晨曦时刻是第一个闪现出光彩的人。如果在照亮了路易十四时代的那些伟大人物之后来到世上,他或者会默默无闻,或者会被人们蔑视,要不然他就要有自己的风格。戴普莱欧赞美他,但也只是赞美他最初的一些讽刺诗。那时戴普莱欧的审美观还没有形成,他还年轻,像他那样年龄的人,还只能对有名望的人做些评价,他还不会根据人的真正价值来对人做出评判。况且,当戴普莱欧赞美人、批评人的时候,常常是很不公正的。他赞美过赛格莱[3],可是赛格莱的作品根本就没有人看。他咒骂过奎诺特[4],而奎诺特的作品是人们都耳熟能详的。而且关于拉封登,他什么也没有说过。韦勒比瓦蒂尔更有价值,可是韦勒也不是完美无缺的。他描写男欢女爱的作品文字很是优美,但是文中的疏忽使得作品显得很拖沓,而且错误的思想也使作品面目全非。当时,英国人还没有学会正确地写作。他那些严肃的作品倒是充满生气,而他其他的作品当

① 拉封丹(Jean de La Fontaine,1621—1695):法国古典文学作家、寓言诗人。

② 瓦蒂尔(Vincent Voiture,1597—1648):法国诗人、散文作家。

③ 赛格莱(Jean Renaud de Segrais,1624—1701):法国诗人、小说家。

④ 奎诺特(Philippe Quinault,1635—1688):法国剧作家。

中软绵绵的气氛是没有这种力度的。他为克伦威尔写过一篇祭奠文章，被认为是杰作。从这篇奠文来看，似乎克伦威尔死的那天狂风大作、暴雨如注。

祭文是这样开始的：

他不在了；木已成舟。我们向命运屈服吧。
这一天的天空出现了狂风暴雨，
雷霆在我们头顶上炸响，
来向我们宣告他的死亡。
他最后的叹息，撼动了这座岛，
他的手臂让这座岛颤抖过那么多次，
在他战功显赫的时候，
他敲碎了多少国王的脑壳
让人民服从他的枷锁。
而乖乖地顺从他的，只有枷锁。
啊，大海啊，连你也被搅扰，
你的浪涛似乎在吼叫着
对遥远的海岸述说
让大地感到恐惧的你的主人
逝去了。正好比从前
罗缪勒斯飞上天空时一样，
他也是在暴风雨中离开人世的，
他接受了在战争中成长的民族的敬意，
他生前一呼百应，死后也受人崇敬，

他的宫殿就是一座庙宇，

如此等等。

我们在培尔的词典中看到韦勒回答查理二世国王的话，正是在谈到对克伦威尔的溢美之辞时说的。根据诗人与国王之间的惯例，韦勒将一首点缀着赞美之辞的诗献给国王时，国王责备韦勒，说韦勒对克伦威尔的赞颂要更高。韦勒回答说，“陛下，我们这些诗人，在赞美假想的东西时，一向是比赞美真实的东西要写得更加成功的。”这个回答并不比荷兰大使的回答更加真诚。当同一个国王向荷兰大使抱怨说，人们对国王的尊敬不如对克伦威尔时，大使回答说：“噢！陛下，克伦威尔是自当别论的。”

我的目的不是要评论韦勒或者任何其他人的性格。人在死后，我只通过他们的作品来评价他们。其他的东西对于我来说都已经消失于无形之中。我只注意到韦勒是出生在宫廷中的，他有六万里弗的年金，可他从来没有愚蠢的傲慢，也没有心不在焉地放弃他的天才。多塞特伯爵[①]和罗斯康芝伯爵[②]，两位白金汉公爵[③]，

① 多塞特伯爵(comte de Dorset，Charles Sackville，1638—1706)：英国诗人，王室近臣。

② 罗斯康芝伯爵(comte de Roscommon，Wentworth Dillon，1633—1685)：英国诗人。

③ 两位白金汉公爵(ducs de Buckingham)：分别指乔治·维利尔斯(George Villers，1628—1687)，英国诗人、政治家；约翰·谢菲尔德(John Sheffield，1648—1721)，英国诗人、托利党政治家。

哈里法克斯爵士[①]和很多其他的人都成了伟大诗人和著名作家，但并不认为应当因此而放弃贵族的身份。他们的作品比他们的名分使他们得到了更多的荣誉。他们培育了文学，正好比他们会期待得到财富一样。另外，他们还让艺术在民众的心中变得可敬了，而民众在各个方面都是需要伟大人物引领的，可是在英国，民众其实不像世界其他地方的人们那样愿意仿效伟人。

① 哈里法克斯爵士(Milord Halifax)：即乔治·萨维尔(George Savile，1633—1695)，英国诗人、政治家。

第二十二封信：关于蒲柏先生和其他几位著名的诗人

我想与你谈一谈柏里厄先生，他是英国最可爱的诗人之一，1712年在巴黎当过特命全权公使。我还打算向你介绍一些我对罗斯康芝伯爵、多塞特伯爵等等的诗的一些想法。但是我觉得要这样做，恐怕得写一本厚厚的书才行，而且费尽九牛二虎之力，也只能介绍一些关于这些作品的十分不完善的想法。诗是一种音乐，只有亲耳听见了，才能够评判。当我把这些外国诗为你们翻译几段的时候，我只能以不完美的方式，标注出其音乐的音调，但我不能表达其歌声的情趣。

还有一首英国的诗是我没有办法让你们了解的。诗的题目是《赫迪布拉斯》[①]，主题是国内战争和被嘲笑的清教徒教派。相当于把《唐·吉诃德》[②]和《梅尼普斯讽刺诗》[③]加在一块儿。在我读过的所有的书当中，我认为这是最有思想的一本。但这也是最不

---

① 《赫迪布拉斯》(Hudibras)：是英国诗人塞缪尔·巴特勒(Samuel Butler，1613—1680)所写的一首宗教讽刺诗。

② 《唐·吉诃德》(Don Quichotte)：西班牙作家塞万提斯(Miguel de Cervantes Saavedra，1547—1616)的著名小说。

③ 《梅尼普斯讽刺诗》(Satire Ménippée)：十六世纪末的一首法国讽刺诗，诗中希望建立一个天主教的独立的法国。

好翻译的一本。如果一本书把人类的可笑之处描写得淋漓尽致,思想远远胜过文字,这样的书是无法翻译的。我说这话谁能相信呢?因为书中影射的几乎都是个别的奇遇故事,最为可鄙的事大都发生在神学家的身上,上流社会的人能够明白的不多。很多文字都需要说明,而玩笑一经解释就不再是玩笑,凡是评论笑话的人,往往都是傻瓜。

所以在法国,人们永远无法明白聪明的斯威夫特(Swift)博士的书,人们称他是英国的拉伯雷(Rabelais)。与拉伯雷一样,他有幸是个教士,而且也和拉伯雷一样,善于拿天下的人和事开心。不过按照不才如我的看法,人们说他是英国的拉伯雷,是大错而特错了。拉伯雷的书荒唐而令人难以理解,内容嘻嘻哈哈,语言极尽放肆之能事。书中有大量博学的知识,也有很多污言秽语和令人感到厌烦的情节。两页长的一段很好的故事,却充斥着大量的蠢话。只有喜欢怪诞事物的人,才会对这种作品感兴趣。全国其他的人虽然觉得里面的玩笑很可笑,对书却是蔑视的。人们都把拉伯雷看成是头号的小丑。一个才思如此敏捷的人,却把思想用在了如此可悲的地方。他是酒鬼哲学家,他的书都是在他酩酊大醉的时候写出来的。

斯威夫特是拉伯雷,只不过更加正派,身边的人也都是正人君子。实际上,他不像拉伯雷那么欢天喜地,但是他的思想细腻,有理性,会选择,情趣高尚,这都是我们默东的神甫拉伯雷所欠缺的。他的诗有一种特别的味道,几乎是不可以模仿的。让人觉得好笑的是,他的文章总是半韵半白。不过,要想很好地理解他,那就要到他的作品中去看一看。

蒲柏先生(M. Pope)的作品,理解起来要更加容易。我认为他是英国最典雅、最有诗意的诗人,而且他的诗也是最为和谐的,这也是很了不起的一点。他把英国喇叭的那种刺耳的声音,化作笛子的温声软语。他的作品我们是可以翻译的,因为他的诗意思非常清楚,而且他的主题大部分都具有普遍的意义,是全世界各个民族都有的。

法国的人们很快便能够看到他的《批评杂文集》(Essai sur la Critique),是莱斯奈尔神甫[①]用诗体翻译的。

下面是他的诗《卷发》(Boucle de cheveux),是我以平时的随意性,刚刚翻译的。因为,我想再说一遍的是,根据字面直译诗,那是最糟糕不过的事情了。

安布里埃尔这个恼怒的地仙,刚刚
拍打着沉重的翅膀,面带愠色,
一边嘟嘟囔囔,一边去寻找深深的地洞,
那里远离了世界之眼散发出的温暖的光线,
那里是云气女仙的居所。
阴郁的风神在周围呼啸,
他们那枯焦的呼吸发出不洁的气息
让周围的人顿生寒热,头疼不止。
不停咳嗽的女仙坐在华丽的沙发上,
前面挡着屏风,远离噪声、人语和风吼,

① 莱斯奈尔神甫(M. l'Abbé du Resnel,1692—1761):法国牧师、作家、翻译家。

永远在那里休息,她心中满怀忧愁,
却不知道自己为什么而伤神,
这是她从来不曾想过的,她六神无主,
眼神张慌,面色憔悴,充满忧伤
坐在她身边的,是长于谗言的嫉妒之神,
女性的幽灵,年老色衰的处女,
带着一副虔诚的神情撕扯身边的人,
手里拿着福音书,口里唱着咒人的小调。
离她不远处,一张随意撒满鲜花的床上
一个年轻的美人儿躺在上面。
那是装腔作势之神,她说起话来
拿腔捏调,装出一副在听人说话的样子,
其实却什么也听不见,她斜着眼睛看人,
虽脸红,却不知羞耻,也有笑脸,
却没有欢乐,她声称身患千种疾病,
身体却十分健康,脸上抹着红白的脂粉,
她会娇声细语地发出哀怨,
也会惟妙惟肖地装出欣喜。

如果你读的是这段诗的原文,而不是这种言不由衷的译文,你会想到讽刺诗《读书桌》(Lutrin)中所描写的娇柔之情。

实话实说,这就是英国的诗人们。我简单地向你介绍了英国的哲学家。关于好的历史学家,我还没有看到过。英国的历史是法国人写的。也许英国人的天才要么是冷漠的,要么是狂热的,他们还没有捕捉到历史的那种雄辩之势，那种高尚而简单的气质。也许是党派的思想作怪，让他们在看待一切的时候都如雾里看花，从而也让他们所有的历史学家都失去了信誉。英国有一半的人仍然与另一半的人为敌。我就遇到过一些人，他们向我保证说，马尔伯勒爵士(milord Marlborough)是懦夫，说蒲柏先生是傻瓜，正好比在法国有些耶稣会的会士认为帕斯卡思想狭隘，有些冉森派的信徒觉得浦尔大鲁神父[①]只不过是个饶舌的家伙一样。詹姆斯党人[②]都认为玛丽·斯图亚特[③]是圣洁的女英雄，而其他的人则认为她是荒淫的女人，与人通奸，杀人无数。因此在英国，陈述史实的书是有的，但是没有历史。现在的确有个戈登先生[④]，他把塔西佗[⑤]的书翻译得很好，要写英国的历史是很有能力的，但是拉宾·德·托依拉先生[⑥]走在了他的前边。最后，我认为英国人不像我们有很好的历史学家，他们没有真正的悲剧作家，有些喜剧作家还不错，有些诗很令人佩服，有些哲学家本可以成为人类的导师。

英国人从我们的法语作品当中受益匪浅。既然他们借鉴了我们，现在也该我们从他们的作品当中有所借鉴了。我们和英国人都走在了意大利人的后面，意大利人在各个方面都曾经是我们的

---

① 浦尔大鲁神父(père Bourdaloue，1632—1704)：法国耶稣会会士，牧师。

② 詹姆斯党人(Jacobites)：支持斯图亚特王朝君主詹姆斯二世及其后代夺回英国王位的一个政治、军事团体，多为天主教教徒组成。

③ 玛丽·斯图亚特(Marie Stuart，1542—1587)：苏格兰女王玛丽一世，是苏格兰的统治者(在位时间 1542—1567)。

④ 戈登(Thomas Gordon，1691—1750)：苏格兰作家，翻译过塔西佗的作品。

⑤ 塔西佗(Tacite，55—120)：古罗马历史学家。

⑥ 拉宾·德·托依拉(M. Rapin de Thoyras，1661—1725)：法国历史学家。

老师，我们在某些事情上超过了他们。在这三个民族当中，我不知道应该更喜欢哪一个，但是，能够感受到三个民族的不同长处的人是幸运的。

第二十三封信：关于人们对文人应有的尊重

在英国和世界上任何其他国家，都不像法国那样有很多赞助美术的机构。各国几乎都有大学，但是只有在法国才有专门的机构，对天文学、各种学科的数学、医学、考古、绘画、雕刻和建筑给予有益的鼓励。路易十四建立了所有这些机构，从而永垂青史，而这种永垂青史的事业要他付出的代价，也不过就是每年二十万法郎。

英国议会想到要拨出两万几尼作为奖金，奖励发现了地球经度的人，却从来没有想到也像路易十四一样，大大方方地对艺术解囊相助。我承认，这是使我感到吃惊的地方之一。

实际上在英国，对国家做出贡献的人能够得到更加光彩的奖励。比如人民对天才人物的尊敬，一个在这方面有功劳的人总能由此而发财。艾迪生先生（M. Addison）要是在法国，可以当院士，可以在某位夫人的保荐之下，成为享有一万两千里弗年金的人，或者更准确地说，人们可以借口说，在他的悲剧《加图》（Caton）中发现有反对某个当权者的看门人的意思，从而与他做生意。可是在英国，他成了国务大臣。牛顿先生是造币督办。康格里夫先生（M. Congreve）曾任要职，普赖尔先生[①]当过特命全权大使。斯

---

① 普赖尔（Matthew Prior，1664—1721）：英国诗人、外交家。

威夫特博士是爱尔兰的大学校长，而且其威望远比主教要高。虽然蒲柏先生没有因其宗教而获得什么地位，但他通过翻译荷马的作品，还是收获了二十万法郎。我在法国很长时间见到《拉达米斯特》[①]的作者几乎因饥饿而丧命。而法国最伟大的人之一的儿子[②]也开始步父亲的后尘，如果没有法贡先生[③]的话，恐怕早已穷困潦倒了。在英国对艺术最具有激励作用的，是艺术受到的尊敬。英国首相的画像挂在首相办公室的壁炉上，但是我在二十个人的家中见过蒲柏先生的画像。

牛顿先生生前受到人们的敬重，死后也同样为人所尊敬，这是理所当然的。国家的要人都争着在他的葬礼车队前执拂，并以此为荣。如果你到威斯敏斯特来，你会看到，人们在那里观赏的，不是历届国王的陵寝，而是整个民族为感谢为国争光的伟人们所修的纪念建筑。你在那里会看到他们的雕像，正好比人们在雅典能够看到索福克勒斯和柏拉图的雕像一样。而且我深信，看到这些光荣的纪念建筑，激励着不止一个有聪明才智的人培养了不止一个伟大的人物。

英国人以光荣来酬谢有功劳的人，人们甚至于责备英国人在这方面做得太过分。著名的喜剧演员奥尔德菲尔德小姐[④]被安葬

---

① 《拉达米斯特》：由法国诗人和悲剧作家克雷皮翁（Prosper Jolyot de Crébillon，1674—1762）所创作的一部悲剧作品。

② “法国最伟大人之一的儿子”：这里指的是法国著名戏剧家让·拉辛（Jean Racine，1639—1699）的儿子、诗人路易·拉辛（Louis Racine，1692—1763）。伏尔泰对路易·拉辛有过批评。

③ 法贡（Louis Fagon，1680—1744）：法国书商。

④ 奥尔德菲尔德小姐（Anne Oldfield，1683—1730）：英国女演员。

在威斯敏斯特，享受与牛顿相差无几的荣耀；人们对此颇有微辞。有人声称说，英国人之所以以如此高的荣誉纪念这位女演员，只是为了让我们更加明显地感觉到，他们是在责备我们把法国著名女演员勒库夫乐小姐[①]的遗骸扔到马路上，说我们的不公正是野蛮和怯懦的行径。

但是，我可以向你们保证说，奥尔德菲尔德小姐被埋葬在了圣德尼，英国人在安排为奥尔德菲尔德小姐送葬的队伍时，完全是出于自己的喜好。他们根本不会把无耻的行径与索福克勒斯[②]和欧里庇德斯（Euripide）联系在一起，不会排斥那些曾在他们面前尽心竭力地朗诵举国为之自豪的作品的人。

在查理一世时期和内战时期——内战是由狂热分子挑起的，但最后狂热分子成了内战的牺牲品——人们写了很多反对戏剧的文章，更何况查理一世和他的妻子，也就是我们的亨利大帝的女儿，非常喜欢戏剧。

有个名叫普林（Prynne）的医生，是个极其小心谨慎的人，如果他在该穿短大衣的时候穿了一件长袍，便以为自己会下地狱，而且为了上帝的荣耀和传教，他恨不得让世上一半的人把另一半人统统杀掉。这个人写了一本十分蹩脚的书，反对喜剧，可实际上却有人天真地为国王和王后天天演出这样的喜剧。他引经据典，以

① 阿德里安娜·勒库夫乐（Adrienne Lecouvreur，1692—1730）：法国女演员、艺术家。

② 索福克勒斯（Sophocle，公元前 496—前 405）和欧里庇得斯（Euripide，公元前 480—前 406）：都是古希腊著名的悲剧作家。

犹太法师的话和神圣的波那文图拉[①]的作品中的一些段落，证明索福克勒斯的《俄狄浦斯王》(Oedipe)是魔鬼的作品，而戴朗斯事实上已经被开除出教。而且他还补充说，布鲁图斯[②]是一丝不苟的冉森派信徒，他之所以刺杀恺撒，是因为作为大祭司的恺撒编排了一出悲剧《俄狄浦斯王》。最后他还说，所有观看演出的人都是被开除出教的人，都否认自己的圣油礼和洗礼。观看演出就等于侮辱国王和整个王室。那时的英国人是尊敬查理一世的。他们不愿意容忍人们议论要把这位君主开除出教，后来他们又支持砍掉了查理一世的脑袋。普林先生被招到法院，被判亲眼看着刽子手焚烧自己的著作，他的耳朵也被人割掉了。他的官司可见于公诉档案中。

在意大利，人们是说什么也不会给歌剧抹黑，也不会把塞奈西诺[③]或者库佐尼夫人[④]开除出教的。我也大胆地希望能够取缔人们印行的那些反对戏剧的图书。因为，我们以最无耻的言行玷污十分优秀的一门艺术，我们指责说，演给宗教信徒和修道院的修士们看的戏剧是大逆不道的，我们败坏了路易十四和路易十五亲自演出过的戏剧，我们宣布说，经过最为严格的法官审查过、给道德最为严格的王后上演过的剧本是魔鬼的作品；当意大利人和英国人听说了我们的所作所为，我是说，当外国人得知了我们的狂妄言

① 圣波那文图拉(saint Bonaventure，1221—1274)：中世纪意大利经院哲学家。

② 布鲁图斯(Marcus Junius Brutus Caepio，前85年—前42年)：晚期罗马共和国的元老院议员，他组织并参与了对凯撒的谋杀。

③ 塞奈西诺(Signor Senesino，1686—1758)：意大利男歌手。

④ 库佐尼夫人(Signora Cuzzoni，1696—1778)：意大利女歌手。

行时，当他们知道了我们这种对王权的不尊敬，这种人们竟然称之为基督徒的严格的哥特式野蛮时，你想他们会怎么看待我们这个民族呢？他们会怎么想呢？要么是被人们说得如此无耻的艺术，却得到了法律的准许，要么是艺术本来得到了法律的准许，得到了很多君主的奖赏，是由很多伟大的人物培育起来的，也受到各个民族的欣赏，可是我们却给这种艺术打上了耻辱的烙印。否则为什么书店里会把勒布兰神父（père Le Brun）反对戏剧的声明与拉辛、高乃依、莫里哀的不朽著作摆在一起卖呢？

第二十四封信：关于科学院

英国人在我们之前很久就建立了科学院。但是他们的科学院不如我们的有规矩，其唯一的原因也许就是他们的科学院比我们的要古老。因为，如果英国的科学院比巴黎的科学院建立得晚，他们会采用巴黎科学院的一些明智的规则，其他的规矩也会被他们改进。

伦敦皇家学会缺乏两样东西，一个是奖赏，一个是规则。而这两样东西对于人来说是最为必要的。若是在巴黎，对于一个几何学家，一个化学家来说，加入科学院，当一名院士，肯定能发一笔小财。相反，在英国要想加入皇家学会，那是要花不少钱的。在英国，如果有个人说："我喜欢艺术，想加入皇家学会。"那他当时就能成为皇家学会的会员。但是在法国，要想成为科学院的院士，仅仅喜欢艺术还是不够的，你还必须是个学者，而且还必须与竞争者争夺，更何况这些竞争者都十分可怕，因为他们都在追逐荣誉和利益，都是知难而进的人，都在学习艰苦卓绝的计算科学的过程中养成了百折不挠的精神。

法国的科学院很明智，把自己的使命仅仅局限于研究自然。实际上，这是一个相当广阔的领域，五、六十个人都忙不过来。而伦敦的科学院则将文学和物理学毫无区别地混在一起。我觉得最好有一家单独的美术科学院，以不至于产生混淆，不至于一边是新画出的百十条几何曲线，另一边却在论述古罗马人的发型。

伦敦的学会缺乏秩序，根本就没有激励机制，而巴黎的科学院基础则完全不同，所以我们的科学院论文比他们的皇家学会的论文要好得多，这就一点也不奇怪了。久而久之，纪律严明、报酬又好的士兵一定会胜过志愿者。英国皇家学会的确有个牛顿，但是牛顿并不是皇家学会的产物，甚至在皇家学会的会员当中，能够理解牛顿的人并不多。像牛顿这样的天才是属于欧洲所有科学院的，因为欧洲的每一家科学院都可以向他学到很多东西。

在安妮女王[①]统治的最后几年，著名的斯威夫特博士(Swift)意图仿照法国科学院，建立一个研究语言的科学院。该计划得到时任财政大臣牛津伯爵(comte d'Oxford)的支持，身为国务大臣的博林布罗克子爵(vicomte Bolingbroke)就更是鼎力相助。博林布洛克子爵在议会即席讲话，其语言之纯洁，堪比斯威夫特在书房里写出的文字，他本来可以成为研究语言的科学院的保护者和名誉院士。该科学院应由那些作品与英国语言共生死的人组成，比如斯威夫特博士、普赖尔先生(M. Prior)；普赖尔先生是英国公共事务部的部长，在英国的名声正好比拉封登在法国；还有可以称为英国的布瓦洛[②]的蒲柏先生(M. Pope)、可以称为英国的莫里哀的康格里夫先生(M. Congreve)。另外还有几位，我一时想不起他们的名字了，这些人本来会使这个团体在成立的时候群星璀璨。

① 安妮女王(Anne of Great Britain，1665—1714)：1702—1714 在位，斯图亚特王朝最后一位国王。

② 布瓦洛(Boileau)：即第十三封信中提到的德普莱奥(Nicolas Boileau-Despréaux)。

但是女王突然逝世了。辉格党人头脑发热,要把科学院的保护者们处以绞刑。你一定想象得到,这对于文学来说是致命的一击。这个团体的成员本来会比法国科学院最早的院士们更有优势,因为普赖尔、康格里夫、德莱顿(Dryden)、蒲柏、艾迪生(Addison)等等,都是通过他们的作品使英国的语言得以确定的人物。而实际上,夏普兰①、科尔戴②、卡塞尼③、法莱特④、佩林⑤、科丹⑥这些科学院最早的院士们,却成了英国的耻辱,这些人的名字在人们心目当中变得十分可笑,如果某个还说得过去的作者不幸名叫夏普兰或者科丹,那就不得不改叫另一个名字。而且尤其是英国科学院所从事的工作与法国科学院的完全不同。有一天,英国一名学者问我关于法国科学院的论文的事,我回答他说:"法国科学院不写论文,只印行了六十本或者八十本恭维言语集。"他读了一两本,却说什么也看不懂,虽然他能够清楚地理解法国的一些很出色的作者的书。他对我说:"在这些华丽言辞的背后,我只能看到,新院士先说他的前任是个伟大的人物,黎塞留红衣主教⑦是个特别伟大的人物,掌玺大臣塞吉耶⑧是个相当伟大的人物,路易十四不仅仅是

① 夏普兰(Jean Chapelain,1595—1674):法国诗人和文学批评家。作为一名批评家他赢得了很高的声誉,但是他的诗却受到了德普莱奥的讽刺。

② 科尔戴(François Colletet,1628—1680?):法国诗人,但他的诗水平低下,曾被德普莱奥嘲笑过。

③ 卡塞尼(Cassaigne,1636—1679):法国教士、诗人、道德家。

④ 法莱特(Nicolas Faret,1596—1646):法国政治家、作家、学者、翻译家。

⑤ 佩林(Pierre Perrin,1620—1675):法国诗人、剧作家。

⑥ 科丹(Charles Cotin,1604—1681):法国哲学家、诗人。

⑦ 黎塞留(cardinal de Richelieu,1585—1642):法国政治家,路易十三时期的宰相,天主教枢机。

⑧ 塞吉耶(Pierre Séguier,1588—1672):法国政治家。

个伟大的人物。导师在回答他的演讲时说的，也是一样的话，并且补充说，新的院士可以成为伟大的人物，而作为导师，这其中少不了他的一份儿功劳。”

我们很容易看到，所有这些讲话为科学院增添不了什么光彩，这是必然的。这是时代的过错，而不是人的过错。习惯在不知不觉当中成为自然，新的院士在被接纳进入科学院时，重复前人说过的赞颂之辞，成了使公众感到厌烦的某种规律。如果你想知道，为什么最伟大的天才人物，在进入这个机构时却做了一番最为糟糕的演讲，原因其实很简单：因为他们想出彩，他们想以新的方式论述一个老旧的主题：他们不得不讲话，实际却无话可讲，又要表现得有才学，有了这三件，哪怕是最伟大的人，也会变得十分可笑。由于没有新的思想，他们只好寻找新的说词，口里在说，脑子里却没有思想，好比那些嘴里本来没有东西，却在空嚼，假装在吃东西的人一样，早晚是会死于营养不良的。

法国科学院的规定不应该是必须印行这些让科学院臭名昭著的讲话，而应该是禁止印行这些东西。

文学科学院为自己提出了一个更加明智、更加有用的目标，那就是向公众提供一本值得关注的研究和批评的文集。这些论文在外国人当中已经受到重视。我们只希望其中的某些主题能够更加深化一些，有些主题就不必论述了。比如，某些论述右手优于左手的论文没有也罢，还有其他的一些研究，虽然题目显得不那么可笑，但内容却同样属于无稽之谈。

科学院在难度比较大、实用性更好的一些研究当中，包括了对大自然的认识和对艺术的完善。应当相信，这些如此深邃、如此有连贯性的研究，这些如此准确的计算，如此细致的发现，如此伟大的看法，终将产生对宇宙有好处的结果。

到目前为止，正如我们一起注意到的，最有益的事物是在最为野蛮的世纪发现的。似乎最为开明的时代和最有学问的团体都有人在思考的一件事是：无知的人们究竟发明了什么。在惠更斯先生（M. Huyghens）和雷诺先生[①]经过长时间的争论之后，今天我们知道如何用船的龙骨确定舵的最有利的角度。但是哥伦布根本就没有想到这一角度的问题，可他发现了美洲。

我绝不是想由此得出结论说，应当坚持盲目的实践。但是，如果物理学家和几何学家尽可能地将实践和思辨结合在一起，那该有多好啊。难道使人类的精神感到最为荣幸的东西，常常应当是最没有用处的东西吗？一个人利用四则运算和些许良知，可以成为很好的商人，成为像雅克·科尔[②]之类的人，像德尔梅[③]之类的人，像伯纳德[④]之类的人。而一个可怜的代数学家，要花一辈子的时间去寻找一些数之间令人感到奇特的关系和特性，可这些东西却没有任何实用价值，他也无法从中得知什么叫汇兑之类的知识。所有的艺术差不多都是这种情况。有那么一个点，只要超过了这一点，所有的研究都是出于好奇的驱使：那些奇妙而无用的真理，就好比是天上星星，因为离我们太远，是无法为我们带来光明的。

对于法国科学院来说，与其每年印行一些互相恭维的言辞，如

① 雷诺（Lean Renaud，1624—1701）：法国诗人、小说家，法兰西学术院的成员。

② 雅克·科尔（Jacques Coeur，1395—1465）：法国查理七世的财政大臣。

③ 德尔梅（Peter Delmé，？—1728）：英国商人、银行家，曾当过伦敦市长。

④ 伯纳德（Samuel Bernard，1651—1739）：法国金融家。

果把气力花在印行路易十四时代的一些好作品，改正里面偶然出现的语言上的错误，那对于法国文学、语言和民族来说，会有多大的好处啊！高乃依和莫里哀的作品当中就有很多语言上的错误。拉封登的作品当中也不少。对于不能修改的地方，至少可以标示出来。使阅读这些作品的欧洲人，可以确信无疑地了解我们的语言。法国语言的纯洁将会永远确定下来。由国王负担费用，经过研究之后印行的法语的好书，会成为民族的最为荣耀的纪念碑。我听说从前德普雷奥先生(M. Despréaux)提过这样的建议，另一个以其思想、智慧和健康的批评而为人所知的人也提过这样的建议。但是，这种想法的命运和很多其他有益的项目一样，得到了人们的赞成，却又始终被人忽视。

第二十五封信：关于帕斯卡[①]的《思想录》

我把很久以来对帕斯卡的《思想录》提出的一些批评意见寄给你。请不要因我的批评而把我比做想焚毁所罗门的所有著作的以西结[②]。我尊重帕斯卡的天才和雄辩。但是，我越是尊重他，我就越是相信他自己也会改正《思想录》中的很多地方，这些内容本来就是他随意写在纸上，留待以后再行思考的。而且，我正是由于佩服他的天才，才对他的几个想法提出了不同的意见。

我觉得一般来说，帕斯卡在写《思想录》时的思想状态，是想向我们指出人的丑恶的一面。他竭力想把所有的人都描绘成可恶的、不幸的人。他在写作时反对人的本性，正好比他在文章中反对耶稣会的修士一样。有些品质其实只属于某些人，他却认为是人的天性。他以雄辩的口才诅咒了整个人类。我大胆地站在人类一边，反对这位崇高的愤世嫉俗者。我大胆地肯定说，我们既不像他说的那么可恶，也不像他说的那么不幸。另外，我还深信，他在考虑写一本书，如果在这本书中，他实施了在《思想录》中描写的意图，那么他会写出一本言辞雄辩、内容谬误的书，一本推导方式令人佩服、结论却是错误的书。我甚至认为，最近人们为证实基督教

① 帕斯卡(Blaise Pascal,1623—1662)：法国哲学家、数学家、物理学家。

② 所罗门(Salomon)和以西结(Ezéchias)：均为古犹太国王，其事迹见圣经旧约的《列王记》。

而写的那些书，更多地是为了让人感到愤慨，而不是为了让人有所教益。难道这些作者自认为比耶稣基督和使徒们知道得还多？这无异于是在一棵橡树四周围了一圈芦苇，企图支撑橡树。我们可以把无用的芦苇全部拿掉，丝毫不用担心会对大树造成危害。

我很小心地选择了帕斯卡的几个想法；把我的回答放在下面。由你自己来判断我是对是错吧。

一、“人的伟大与可悲之处显而易见，真正的宗教必须教导我们，让我们知道在人身上有着伟大的因素，也有可悲的因素。因为宗教必须深刻地了解我们的天性，了解这一天性当中哪些地方是伟大的，哪些地方是可悲的，以及为什么伟大，为什么可悲。真正的宗教还必须让我们知道，这其中有着令人吃惊的冲突。”

这种思考问题的方式是错误而危险的：因为普罗米修斯和潘多拉的寓言，柏拉图的雌雄同体人和暹罗人的信条，也是对这些表面冲突的说明。虽然基督教仍然是真实的，但我们不能从中得出这样的结论，这样的结论只能是卖弄才情的结果。

基督教教导人们的，只是简朴、人道、慈悲。想把基督教变成形而上学，那就会使它成为错误的源泉。

二、“关于这一点，请考察世界上所有的宗教，看看除了基督教之外，还有没有另一种宗教让人满意。哲学家向我们提出的一切福，只不过就是我们心中的福；让人感到满意的宗教，难道会是哲学家教导我们的这样的宗教吗？这难道就是真正的福吗？他们找到了治疗我们的痛苦的药吗？把人摆在与上帝平等的地位上，难道就是治好了人的自负之患吗？那些把我们放在与畜牲同等地位上的人，那些把尘世间的快乐作为一切福给予我们的人，为我们带来了治疗我们的贪欲之患的药吗？”

哲学家并没有向人们教导什么宗教。应当反对的，并不是哲学家的哲学。哲学家从来没有说过自己是从上帝那里得到灵感的，因为如果是这样，那他就不再是哲学家，而是预言家了。问题不是要知道耶稣基督是否比亚里士多德高明。问题是耶稣基督的宗教是真正的宗教，而穆罕默德的宗教、异教徒的宗教和所有其他的教都是假的。

三、“然而，如果没有这种秘密，没有在所有的秘密当中最令人难以理解的奥秘，我们就无法理解自己。我们的命运之结在原罪中纠缠，在原罪中成为定式，以至于对于人来说，这个秘密是难以想象的，但是如果没有这个秘密，人就更加难以想象。”

这等于是在说：如果没有这个难以想象的秘密，人就是不可想象的。这难道是在思考问题吗？为什么想要比《圣经》走得更远呢？以为《圣经》需要支持，以为上述哲学思想可以对《圣经》形成支持，这是不是太狂妄了呢？

如果一个人对帕斯卡说：“我知道原罪的秘密是信仰的对象，而不是理性的对象。没有秘密，我也能够很好地想象人是怎么回事。我知道人是和其他的动物一样来到世界上的。母亲越是难产，生育的痛苦就越大。有时候，妇女和母畜会死于难产，有的儿童会发育得不好，会缺少一个或者两个感觉器官，会成为智力不完全的人。而且发育最为完全的人，也是情欲最为强烈的人。而且所有的人都有自爱，与五官一样，这种自爱的情感也是必要的。为了保护我们的身心，上帝给了我们这种自尊自爱，为了调节这种自尊自爱，上帝给了我们宗教。我们的想法是正确的还是轻率的，是阴暗的还是光明的,那要看我们的器官是否强壮,是否敏锐,那要看我们的激情是大是小。我们的生命有赖于围绕着我们的空气,有赖于我们吃的食物,而在这一切当中,没有任何东西是矛盾的。人并不是一个谜,你之所以把人想象成一个谜,是为了猜谜开心玩儿。人在大自然中自有其位,人高于动物,人的器官与动物相似,但是人低于其他的存在,很可能人在思想上与其他的存在是相似的。正如我们看到的那样,人是一个善与恶、快乐与痛苦的集合体。人有行动的激情,有掌控行动的理性。如果人完美无缺,那他就是上帝了,而你称之为矛盾的这些冲突,是组成人的必要的成分,人本来就应该是这样的。"听到这样的话,帕斯卡先生该如何回答呢?

四、"让我们追寻我们的思想活动,让我们观察我们自己,看看我们是否能够从中发现这两种本性的活生生的特点。

如此多的矛盾会简单地集中在一个人身上吗?

人的双重性是显而易见的,甚至有人认为我们有两个灵魂,他们认为一个简单的人是不可能有这样的变化的,而且不可能变化得如此突然,不可能从极端的自负突然就变得心情极其沮丧。"

我们的种种意志根本就不是天性上的矛盾,而且人根本就不是一个简单的人。人是由无数的器官组成的,哪怕是其中的一个器官受到损害,大脑的所有印象都会发生变化,作为动物的人会产生新的思想和新的意志。我们的确是时而由于忧郁而沮丧,时而由于自负而得意,当我们处在矛盾的境况中时,往往会出现这种情况。一个受到主人的抚摸和喂养的动物,以及一个被人以熟练的手法慢慢宰杀,以进行解剖的动物,感觉是完全相反的。我们也是这样。我们心中在感觉上的差别并不矛盾,如果没有这种差别,那才是矛盾的。

说我们有两个灵魂的疯子们,也可以出于相同的理由,说我们有三十个或者四十个灵魂。因为一个人在激情高涨时,对同一件事常常会有三十个或者四十个不同的主意,而且该事物从不同的角度出现在他的眼中时,他是一定会产生不同的主意的。

认为人由此而具有所谓的双重性,是十分荒唐的观念,也是形而上的观念。我也可以说咬人的狗和对人表示爱意的狗具有双重的灵魂;一只母鸡先是尽心竭力地照顾小鸡,然后又对小鸡弃之不顾,到最后小鸡长大后,母鸡不再认它们,这只母鸡具有双重的灵魂;冰可以表现为不同的状态,冰有双重的灵魂;树有的时候有叶子,有的时候叶子脱落了,所以树是有双重的灵魂的。我承认,人是难以理解的。但是大自然中所有其他的东西都同样是难以理解的。人身上表面的矛盾并不比其他事物表面的矛盾更多。

五、"不要打赌说上帝是存在的,那就等于在打赌说上帝不存在。在两者之间,你会作何选择呢? 让我们先拿定主意,相信上帝是存在的,以权衡一下利弊。如果你赢了,那你会赢得一切。如果你输了,你不会有任何损失。所以,那就毫不犹豫地打赌说上帝存在吧。——是啊,应当下注。但是,我也许下得注太大了。——就算是吧,赌注的输赢的确很大,可是如果以一条生命为注,可以赢得两条生命的时候,那还是可以下注的。"

"不要打赌说上帝是存在的,那就等于打赌说上帝不存在。"这样说显然是错误的。因为如果一个人有疑问,想把事情搞清楚的时候,显然是不会为是或者否来打赌的。

况且，这篇文章显得有点失当和幼稚。这种打赌、输赢的想法，对于如此严肃的主题来说，是不适当的。

另外，我相信一件事所带来的利益，并不能成为该件事存在的证据。你会对我说，如果我相信你是对的，我将把世界之统治权给予你；于是我衷心希望你是对的。但是，直到你能够向我证明你是对的之前，我是不会相信你的。

我们可以对帕斯卡先生说，你开始先说服我的理性吧。当然，上帝存在，这对于我来说是有好处的。但是如果在你的体系当中，上帝只是为极少数人来的，如果这极少数的幸运儿是如此可怕，如果我自己什么也做不成，那请你告诉我，我相信你还有什么好处呢？对我来说，去相信相反的东西不是有着明显的好处的吗？你怎么敢厚颜无耻地让我看到只有万分之一的人才能够指望享受得上的无限的幸福呢？如果你想说服我，那就换一种方式来说吧，不要时而对我说赌博、打赌、抛硬币猜正反面，时而又在我想走的、我也必须走的路上撒满荆棘，来吓唬我。你说讲理只能让人成为无神论者。如果整个大自然的声音都在对我们说，上帝是存在的，那么大自然的声音会十分强大，而你的推论虽然巧妙，力量却十分弱小。

六、"看到人的盲目和可悲，以及人的本性表现出的令人感到吃惊的矛盾，看到整个宇宙都闭口无言，人得不到指引，只能靠自己，似乎迷失在了宇宙的这一偏僻角落，不知道是谁将他放在这里的，不知道他来这里干什么，他死的时候结果会如何，我便感到恐惧，正好比熟睡中的人被带到一个荒凉而可怕的岛上，醒来不知自己来到了何处，又没有任何办法摆脱困境一样。对此，我感到佩服

的是，落到如此可悲的处境，人竟然能够不感到悲观绝望。”

在读到这一思考时，我收到住在遥远国度的一个朋友的信。他在信中是这样说的：

“我在这里正好比你把我丢在这里时一样，没有更加快乐，也没有更加忧戚，没有更加富有，也没有更加贫穷，身体十分健康，拥有使生活愉快的一切物质条件，没有爱，不贪财，没有野心，也不嫉妒。只要这种状况能够维持下去，我便可以大胆地自称为一个幸福的人。”

世上有很多与他一样幸福的人。有的人像动物。某只狗与女主人同睡同吃；另外一只狗转动着铁钎子，而且同样感到十分满足；还有的狗疯了，于是人们便杀了它。对于我来说，看看巴黎或者伦敦，我没有任何理由陷入帕斯卡先生说的绝望当中。我看到的是一座城市，这座城市在任何方面都不像是一座荒岛，有人在这里生活，这里的人们富足、文明，这里的人们幸福，这是人的本性当中本来就有的感觉。会有明智之人因不知如何面对上帝，因其理性无法理清三位一体的秘密而上吊自杀的吗？那他也会因为自己没有长四只脚和两只翅膀而感到绝望的。

为什么要让我们对自己的存在感到厌恶呢？我们的生存并不像人们想让我们相信的那样不幸。把宇宙看成是一座监牢，把所有的人都看作是要被处死的罪犯，这是狂热分子才会有的想法。把世界看成是欢乐之乡，在这里只有快乐，那是骄奢淫逸者的梦想。认为土地、人和动物按照天命的秩序各有其位，我认为这是贤者的看法。

七、“（犹太人认为）上帝不会让其他的人民永远待在黑暗当中，将来一定会出现所有人民的救星，他们之所以生活在世上，就是为了宣布救星出现的，他们是专门被培育了来宣布这一伟大事件的使者，以号召所有的人民与他们团结在一起，等待这位救星。”

犹太人始终在等待救星的出现。但是，他们的救星是为解救他们而来的，而不是为解救我们的。他们在等待弥赛亚，好让他们成为基督徒的主人。而我们希望终有一天，弥赛亚能够将犹太人和基督徒团结在一起。在这一点上，他们的想法与我们的相反。

八、“这个民族得以治理的法律在整体上是世界上最为古老的、最完善的法律，而且也是唯一始终保持原有状态而没有中断过的法律。这是犹太人斐洛[①]在不同的作品中指出过的，而且约瑟夫[②]以令人佩服的方式反驳阿比安[③]时指出说，该法律十分古老，老到就连最为古老的古人也是在一千多年之后才得知这一法律的名称的，所以荷马(Homère)虽然谈到很多的民族，也从来没有使用过该法律的名称。只要读读这部法律，便很容易判断其完善的程度，我们从中可以看到，所有的事情都有十分明智的、十分公平的、很有判断力的规定，所以希腊和罗马最为古老的立法者从中受到启发，都在主要的法律当中有所借鉴。这正是他们称之为的‘十二铜表’中的法律，约瑟夫还给出了其他的证据，也都说明了这一点。”

认为犹太人的法律是最为古老的法律，这是十分错误的，因为

① 斐洛(Philon，约公元前20—54)：亚历山大城神秘主义哲学家。

② 约瑟夫(Josèphe，37—100)：犹太历史学家，后投降罗马。著有《犹太战记》、《犹太古史》，曾写过《驳斥阿比安》。

③ 阿比安(Appion，公元前30～20—公元45～48)：希腊化时期的著名学者。

在摩西[①]之前，他们的立法者还在埃及，那时的埃及因其明智的法律是人世间最为著名的国家。

说法律的名称是在荷马之后才为人所知，这是十分错误的；他说的是米诺斯的法律[②]。“法律”这个词在赫西俄德[③]的著作中就有了。即使赫西俄德和荷马的著作中都没有法律的名称，这也不能证明任何东西。当时是有国王和法官的。因此，当时也就有法律。

说希腊人和罗马人采用了犹太人的法律，这也是十分错误的。这不可能是希腊和罗马共和国早期的事，因为那个时候，他们还不可能知道犹太人。这也不可能是希腊和罗马强盛时期的事，因为那个时候，他们对这些野蛮人的蔑视是天下无人不知的。

九、“这个民族的真诚也是令人佩服的。摩西在一本书中声称说，犹太人从前对上帝始终忘恩负义，而且他知道，在他死后，他们仍然会对上帝忘恩负义。他以天地为证警告他们，说他对他们已经说得足够多了，还说上帝最终会生他们的气，让他们消失在人世间各个民族之中，说他们崇拜的神其实并不是他们的神，所以上帝才恼他们，也会不接受一个不属于他的民族，从而让他们气恼。他们怀着爱意和忠诚保留了这本书。这本书以种种方式让他们名誉扫地，可是他们不顾自己的生命保存了这本书。这种真诚的行为举世无双，也没有自然的根源。”

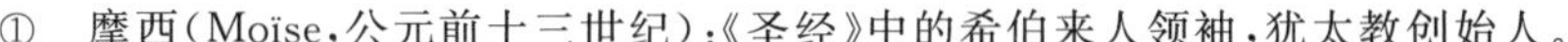

① 摩西（Moïse，公元前十三世纪）：《圣经》中的希伯来人领袖，犹太教创始人。

② 米诺斯的法律（lois de Minos）：米诺斯是公元前十五世纪之前爱琴海地区出现的文明。伏尔泰曾在1772年写过一部戏剧《米诺斯的法律》。

③ 赫西俄德（Hésiodé，公元前八世纪）：古希腊诗人。

这种真诚在世上到处都有例子,而且只有在大自然中才有其根源。每个犹太人都要相信,他之所以身败名裂,并不是由于他可恨的政治,不是由于他对艺术的无知,不是由于他的粗俗,而是由于愤怒的上帝在惩罚他。他很满意地认为,必须出现奇迹才能够打垮他,他的民族仍然是为上帝所宠爱的,虽然上帝惩罚了这个民族。

一个传教者登上讲坛,对法国人说:“你们是可悲的人,你们没有良心,没有品德,你们在霍克施塔特[①]和拉米里[②]打了败仗,是因为你们不会保卫自己。”那么这个传教者会被人投石打死。但是如果他说:“你们是为上帝所钟爱的天主教徒,你们无耻的原罪使上帝感到气愤,上帝在霍切斯戴特和拉米里将你们交给了异教徒。但是,当你们又回到天主的身边时,天主便在德南为你们的勇气祝福了。”听众听了这些话,会喜欢讲道者。

十、“如果有上帝,那就应当只爱上帝,而不应当去爱人类。”

应当爱人类,而且是怀着深情去爱。应当爱自己的祖国,爱自己的妻子,爱自己的父亲,爱自己的孩子。我们应当好好地爱他们,即使我们不爱,上帝也会让我们爱他们的。与此相反的原则只能造就一些胡搅蛮缠者。

十一、“我们生下来就是不正义的。因为每个人都倾向于自顾自。这是与一切秩序相对立的。我们应当倾向于顾及天下人。自

① 霍克施塔特战役(battus à Höchstädt):1704 年 8 月 13 日,西班牙王位继承战争中的一场重要战役,奥地利获胜,法国战败。

② 拉米里战役(battus à Ramillies):1706 年 5 月 23 日,西班牙王位继承战争中的一场战役,交战双方互有胜负。

顾自的倾向是战争、治安和经济等等领域一切混乱的开始。”

自顾自是符合一切秩序的。如果人们没有自爱，社会便不能形成和存在，人们没有淫欲便不会生孩子，没有胃口便不会想到进食，如此等等。正是由于我们有自爱，我们才会爱别人。正是由于我们互相需要，我们才对人类是有用的。这是一切人际关系的基础。这是人与人之间永恒的纽带。如果没有这种纽带，就不可能发明任何艺术，就不可能形成超过十个人的社会。每一种动物都有天赋的自爱，正是这种自爱告诉我们尊重别人的自爱。法律指引着这种自爱，宗教使这种自爱变得更加完善。的确，上帝本来可以造就一些人，让他们只关注别人的利益。如果是这样，那么商人会完全出于慈悲之心到印度去做生意，瓦匠为别人锯石头只是为了自己快乐。但是上帝把事情安排成了另一种样子。我们不要指责他给予我们的本能，我们要按照他的要求来使用这一本能。

十二、“（预言的隐藏着的意义）不可能引人走向错误，有个民族误解了这一意义，像这样利欲熏心的民族，天下只有一个。因为，当财富取之不尽的时候，除了决定人间财富的贪婪之外，谁还能阻止他们听到真正的财富之音呢？”

老实说，哪怕是世间最有思想的民族，它能有其他的理解吗？他们是罗马人的奴隶。他们等待着解放者让他们取得胜利，让全世界的人都尊重耶路撒冷。耶稣是个穷人，而且被钉在了十字架上，他们怎么能在理性的指引之下，把他看成是战胜者，看成是君主呢？摩西的“十诫”根本就没有向他们谈到过灵魂不死的问题，他们怎么能明白他们的首都会成为天上的耶路撒冷呢？预言不是他们的法律；一个对自己的律法如此依恋的民族，如果没有上天的指引，怎么能把接受过割礼的犹太人看成是自己的上帝呢？而割礼和安息日本来是犹太律法的神圣基础，却被上帝的新的宗教完全破坏了，把这一基础变成了遭到万人憎恨的事物。我们再一次说，让我们崇爱上帝吧，不要企图了解其隐藏着的秘密。

十三、“耶稣基督第一次降临的时间已经被预言。第二次降临的时间未被预言，因为第一次降临应该是隐藏的，而第二次降临则应该是光彩夺目的，是得到明显昭示的，就连他的敌人也将认出他来。”

耶稣基督第二次降临的时间被预言得比第一次更加清楚。帕斯卡先生显然是忘记了，在路加福音的第二十一章，耶稣基督明确说：“当你们看到耶路撒冷被军队围困，你们要知道，这里不久会成为一片荒芜……耶路撒冷将遭到践踏，太阳、月亮和星星中会有迹象。海中的浪涛会发出极大的声响……天使都将震动。这时，他们将看到上帝之子驾云降临，有势力，有尊严。”

这难道不是在单独预言第二次降临吗？但是，如果这事还没有发生，那也轮不到我们放肆地询问上帝为什么还没有发生。

十四、“利欲熏心的犹太人认为，摩西应该是一个伟大的人世间的君主。利欲熏心的基督徒认为，他来的目的，是为了不让我们爱上帝，是为了告诉我们，圣事是不需要我们参与的。这两点都不是基督教的内容，也不是犹太教的内容。”

这一条根本就是讽刺，而不是基督徒的思考。我们看到，这一条里所表示的怨恨是针对耶稣会的修士们的。但是说实话，有哪个耶稣会的修士说过，耶稣基督来的目的，是不让我们爱上帝的吗？关于爱与不爱上帝的争论纯粹是字面上的争论，正如导致了强烈的憎恨和可怕灾难的大部分科学争论一样。

这一条还有一个缺点。那就是帕斯卡在这一条里假设,等待弥赛亚是犹太人的一个宗教问题。其实这只不过是这个民族的人普遍都有的一种自我安慰的想法而已,犹太人希望盼来救星。但是,宗教并不要求他们作为信仰来相信这一点。他们的全部宗教都包括在律法书里。犹太人从来没有把先知当成是立法者。

十五、"要想思考预言,一定要明白预言。因为如果以为预言只有一种意义,那可以肯定的是,弥赛亚根本就不会来。但是,如果预言有两种意义,那可以肯定的是,弥赛亚会以耶稣基督的面目降临。"

基督教是真实的,所以它不需要靠不住的证据。然而,如果有什么东西可以动摇这一神圣而理性的宗教的基础,那就是帕斯卡的这种观念。他想让《圣经》中的一切文字都有两种意义。但是如果一个不幸的人不肯轻信,这个人会对帕斯卡说:认为这些话有两种意义的人,是想欺骗人们,而且双重的意义始终是受到律法谴责的。你怎么能毫不脸红地认为,上帝会做出这种受人谴责、被人唾弃的事来呢?这让我怎么说呢?如果异教徒的预言有两种意义,你会多么轻蔑、多么气愤地谴责他们啊!我们倒是可以说,与耶稣基督有直接关系的预言只有一种意义,正如但以理的预言、弥迦的预言以及其他的预言一样。我们甚至可以说,即使我们一点也不理解预言,宗教的真实性并不因此而受到丝毫影响。

十六、"肉体与精神之间无限的距离,表示的是从精神到慈悲之间的距离更加的遥远。因为,这种距离是超自然的。"

应当相信,即使帕斯卡先生有时间,他也不会在自己的作品当中使用这些乱七八糟的东西。

十七、“对于从好的方面看待事物的人来说，最为明显的缺点恰恰是力量之所在。比如圣马太和圣路加的两部家谱。显而易见的是，这两部家谱不是一起写出来的。”

帕斯卡的《思想录》的出版者，也许不该印行这种思想的书，因为仅仅是将这种思想展示于人，就很有可能对宗教造成伤害。这些家谱是基督教的根本性问题，如果不说它们在哪些方面是可以一致的，那又何必说它们是有冲突的呢？应当把毒药和解药一起拿出来。如果一个律师说：“我的当事人自相矛盾，但是对于知道如何从好的方面看待事物的人，这一缺点正是其力量之所在”，那人们会怎么看待这个律师呢？

十八、“请不要再责备我们缺乏睿智，因为我们已经明确声明了这一点。但是，即使在宗教的晦涩当中，在我们所了解的不多的事物当中，在即使我们了解这些事物，我们也不会有所改变的态度当中，请承认宗教的真理。”

这就是帕斯卡为我们带来的奇怪的真理标志！那么谎言又该有什么样的标志呢？什么！只是说：“我是晦涩的，我是不可理解的”，难道就可以得到人们的信任！与其卖弄博学的暧昧，还不如让人们看到信仰的光明。

十九、“如果只有一种宗教，那么上帝就太明显了。”

什么！你说“如果只有一种宗教，那么上帝就太明显了”！嘿，难道你忘记了，你在很多地方反复说过，终有一天，天下会只有一种宗教的？照你这样说，到那时候，上帝岂不是太明显了。

二十、“我说，犹太教并不表现在任何这些事物当中，犹太教只表现在对上帝的爱上面，而且上帝是谴责所有其他事物的。”

什么！本来是上帝亲自用心地，而且是仔仔细细地为犹太人安排好的事，他怎么会谴责！如果说摩西的律法就在于爱和崇敬，那不是更真切吗？将一切归结为对上帝的爱，也许让我们从中看到了对上帝的爱，但是我们从中更多地看到的，是冉森派的信徒对身边摩利那教派信徒的恨。

二十一、“对于生活最重要的事，那就是选择一个职业。偶然性决定了我们的选择。由于习惯，人们会成为泥瓦匠、士兵、屋面工。”

谁能决定一个人究竟是成为士兵、泥瓦匠，还是其他的机械工人呢？还不是偶然性和习惯？我们只能决定自己是否从事需要天才的艺术。但是，对于那些大家都可以从事的职业，习惯决定了我们的选择，这是自然而然的，是合情合理的。

二十二、“如果大家审查一下自己的思想，就会发现自己总是在想到‘过去’和‘未来’。我们几乎从来不想‘现在’；而且即使想到‘现在’，也只是以‘现在’为出发点，去想‘未来’。‘现在’从来不是我们的目的。‘过去’和‘现在’是我们的手段。只有‘未来’才是我们的目标。”

我们不应该抱怨，而是应该感谢造就了我们的天性的人，是他给了我们这种本能，让我们永远面向未来。人最宝贵的财富，就是这种希望，希望抚慰了我们的忧伤，在我们拥有现时快乐的同时，为我们描绘出未来的快乐。如果人们不幸只是顾及到眼前，那人们就不会播种，不会盖房子，不会种树，不会给予别人任何东西，在虚伪的享受当中，人们就什么也没有了。一个像帕斯卡这样的人会犯如此虚伪的常识性错误吗？天性使人享受现在、进食、生孩子、听令人愉快的声音、使用其思想和感觉的能力，而且在脱离了这些状态的时候，甚至常常是正处在这些状态的时候，人会想到明天，否则人会死于穷困。

二十三、“但是，当我更仔细地关注这一点时，我发现人们之所以惶惶不可终日，常常扪心自问，是有切实的原因的，也就是说，是由于我们天生的不幸，命中注定我们是弱者，难免一死，而且我们的命运可悲到无以慰藉的地步，所以我们没有办法不想到这一点，我们只能看到自己。”

“我们只能看到自己”的说法是毫无意义的。

一个不采取任何行动，被认为只会自我顾盼的人，是个什么样的人呢？我不仅认为这样的人是傻瓜，是对社会无用的人，而且这样的人根本无法生存。因为他顾盼的是什么呢？自己的身体、自己的双脚、自己的两手、自己的五官？要么他是低能儿，要么他就会利用所有这一切。还有，他如何顾盼自己思维的能力呢？他只有使用这种能力，才能够观察它。要么他什么也不想，要么他想到头脑中已经产生的观念，要么他提出新的观念。然而，他只能从外部得到观念。这样一来，他一定会使用到自己的感觉器官，或者自己的观念。这样一来，他便超越了自我，要不然他就是个傻瓜。

我想再说一遍，从人的本性来说，人是不可能停留在想象的僵化状态的。认为人会有这种状态的想法是荒诞的。想要做到这一点是没有理智的。人是为了行动而生的，正好比火会向上升，石头会向下落一样。对于人来说，“不使用”和“不存在”是一样的。所有的区别就在于究竟是柔性的使用，还是激烈的使用，是危险的使用，还是有益的使用。

二十四、“人有一种秘密的本能，这种本能使人到外部去寻求娱乐，寻求做事，这种本能来自于人感觉到自己的连续不断的痛苦。而且人还有另外一种本能，那就是感觉到最初天性的伟大，这种感觉让他们知道，只有在安静当中，才有确实的幸福。”

这一秘密既然是社会的第一原则和必要基础，那它就应该是来自于上帝的善意，那它就应该是我们幸福的工具，而不应该是使我们痛苦的工具。我不知道我们古老的祖辈在地上的乐园里干什么。但是，如果他们每个人都只想到自己，那么人类的存在就是极其偶然的事。认为他们有完善的感觉器官，也就是完善的行动工具，却只是为了安静，这样认为岂不荒唐？本来是用于思考的脑袋，却想象懒惰就是伟大，而行动却贬低了我们的天性，这样的想象岂不是很可笑的？

二十五、“因此，当皮洛士[①]想先征服天下的大部分，然后再与朋友一起享受安静时，齐纳斯[②]对他说，与其经过多少劳乏之后，再去寻找幸福，何不从现在起就享受安静，提前获得幸福，这样岂不是更好。他提出一个建议，这个建议遇到了很大的困难，而且这个建议并不比年轻野心家的意图更加理性。他们两个人都假设，人可以满足于自我以及自我现时拥有的财富，而不必用想象的希望填充心中的空缺，这样想是错误的。皮鲁斯在征服天下之前和之后都不会幸福。”

---

① 皮洛士(Pyrrhus)：古希腊伊庇鲁斯国王。

② 齐纳斯(Cinéas，公元前3世纪)：希腊人，伊庇鲁斯国王皮洛士的好友。

齐雅斯的例子用在德普雷奥(Despréaux)的讽刺诗中是恰当的,用在哲学作品中却不恰当。一个明智的国王在自己家里可以很幸福。人们都说皮洛士是个疯子,所以对于其他的人来说,从他的情况不可能得出任何结论。

二十六、“应当承认,人是如此不幸,即使没有任何外在的烦恼的理由,他也会由于自身命运的状态而感到烦恼。”

相反,在这一点上,人是十分幸福的,而且我们十分感谢造就了我们的天性的人,是他让我们只在无所事事时才会感到烦恼,由此,他迫使我们做一个对别人和对我们自己有用的人。

二十七、“一个人不久前刚刚失去了独生子,而且官司缠身,争执不断,今天早上还是心乱如麻,为什么突然之间,他现在根本就不想这些烦心事了呢?你不要感到惊奇,那是因为他的狗六个小时以来便热衷于追着一只鹿,他的心思都用在了看着鹿从哪儿逃跑。所以人不管有多大的忧愁,要想扫清愁云,并不需要多大的事。如果人们说服他,让他再次进入娱乐的状态,那么在这一段时间,他就是幸福的。”

这个人做得好极了。消遣是治疗痛苦的良药,正好比用金鸡纳树皮治疗疟疾一样。在这一点上,我们不要谴责天性,人的天性是时时刻刻准备帮助我们的。

二十八、“让我们想象一群戴着镣铐的人,一个个都是被判了死刑的,天天有犯人在其他犯人的面前被杀头处死,仍然活着的人从同伴身上看到了自己的命运,便痛苦而绝望地大眼瞪小眼,互相看着,等着轮到自己被处死。这就是人的命运之写照。”

这一比较肯定是不正确的。一群戴着镣铐的倒霉蛋被人一个个杀掉，他们之所以是不幸的，不仅仅是因为他们痛苦，也因为他们感觉到了其他的人所不能忍受的东西。一个人天然的命运既不是被戴上镣铐，也不是被宰杀；所有的人就像动物和植物一样，生来就是要成长，就是要生活一段时间，就是要产生同类，并最后死亡。在一首讽刺诗中，我们可以按照自己的意愿，指出人不好的一面。但是，只要我们运用理性，我们就应该承认，在所有的动物当中，人是最完善的、最幸福的，而且也是生活得时间最长的。因此，与其对生活的短暂感到惊奇、抱怨，我们应当对生活的幸福和生活的时间之长感到惊异和庆幸。如果完全以哲学家的身份思考，我敢大胆地说，如果认为出于天性，我们应该比现在生活得更好，这样的要求的确是高傲和冒失的表现。

二十九、"说过只有一个上帝的异教徒中的智者，受到了迫害；说过这种话的犹太人被人憎恨；说过这种话的基督徒被人憎恨的程度更大。"

他们有时候受到了迫害，如果一个人在今天告诉人们，在为人所接受的崇拜之外，还要再崇敬一个上帝，那他也同样会遭到迫害的。苏格拉底之所以受到迫害，并不是因为他说过："只有一个上帝"，而是他极不合时宜地起来反对其他国家的崇拜，因为他使一些有势力的人成了自己的对头。关于犹太人，他们之所以被人恨，不是因为他们只信仰一个上帝，而是因为他们可笑地憎恨其他的民族，因为那是毫无怜悯地屠杀战败的对手的野蛮人，因为这个下贱的民族迷信、无知，没有艺术，没有商业，却蔑视最为文明的民族。至于基督徒，异教徒之所以恨他们，是因为他们想要打倒终于被他们征服了的宗教和帝国，正如在一些国家，耶稣教徒在很长时间里被人憎恨、被屠杀，但是等这些耶稣教徒成了主人之后，他们也想打倒那里的宗教和国家一样。

三十、“蒙田（Montaigne）的缺点是很大的。他说了很多脏话和丢人的话。这是毫无价值的。他关于故意杀人和死亡的观念是可怕的。”

蒙田是以哲学家的身份讲话的，而不是以基督徒的身份。他说出了赞成和反对故意杀人的理由。从哲学的角度来说，如果一个不再服务于社会的人离开了社会，那么对于社会来说，这会造成什么伤害呢？一个老人患了结石症，并遭受着无法忍受的痛苦。人们对他说：“如果你不接受手术，你会死的。如果给你做了手术，你还可以苟延残喘，勉强再活一年，还可以再说些糊里糊涂的话，成为你自己和别人的负担。”我想这个好人会决定不再成为别人的负担。大致说，这就是蒙田阐述的案例。

三十一、“望远镜让我们发现了多少以前的哲学家不知道的星星呢？人们大胆地攻击《圣经》，说里面很多地方提到过天上星星无数。有人说实际上只有一千零二十二颗星星。这我们是知道的。”

可以肯定的是，《圣经》在关于物理学的问题上，一向采用的是当时一些现成的观念。比如，《圣经》假设地球是静止不动的，认为太阳是运动的，等等。《圣经》之所以说天上的星星无数，并不是因为作者精通天文学，而是为了与一般的观念一致。的确，虽然我们的眼睛只能看到大约一千零二十二颗星星，然而，当我们目不转睛地看着天空时，我们的眼睛会花，我们会看到天上有无数的星星。因此，《圣经》是根据这种一般人的观念来说的，因为《圣经》在这样说的时候，并不是为了让我们成为物理学家。显而易见的是，上帝并没有告诉哈巴谷[①]、巴路克（Baruch）和米迦（Michée）说，将来有一天，有个名叫弗朗斯蒂德[②]的英国人，将用望远镜观察到七千多颗星星，并把这些星星登记在目录上。

三十二、“一个快要死的人，在体虚气短、将要咽气的时候，再去冒犯强大而永恒的上帝，那是有勇气的表现吗？”

这种事从来就不曾发生过。而且一个人只有在脑子极端错乱的时候，才会说：“我相信上帝，而且我还要冒犯他。”

三十三、“我很愿意相信见证人为之殉身的历史。”

困难的是不仅仅要知道我们能不能相信那些为了支持自己的证词而死亡的见证人，很多宗教狂热分子都是这样牺牲的，而且还要知道，如果有人保留了这些人的证词，如果这些见证人死在了他们曾经居住过的国家，那么他们是不是确实为此而死的。在基督死亡的时代出生的约瑟夫（Josèphe），也就是希律[③]对头约瑟夫，不太喜欢犹太教的约瑟夫，对此不是发表过自己的意见吗？这才是帕斯卡先生本可以梳理清楚的事情，正好比许多有雄辩之才的作家所做过的那样。

三十四、“科学有两个相互有联系的极端。第一个极端是纯粹天然的无知，所有刚刚出生的人都处在这样的状态当中；另外一个

① 哈巴谷（Habacuc）、巴路克（Baruch）、米迦（Michée）：均是《圣经》中记载的犹太人预言家。

② 弗朗斯蒂德（John Flamstead，1647—1719）：英国天文学家，格林威治天文台第一任台长。

③ 希律（Hérode，公元前34—前4）：罗马帝国犹太行省的从属王，生性残忍，他的主要事迹基本来自于约瑟夫斯的《犹太古史》。

极端是一些伟大的人所达到的状态，他们了解了人可以了解的一切知识，却发现自己什么也不知道，他们从无知出发，最终又回到了无知。”

这个想法是纯粹的诡辩。错误就发生在“无知”这个词上，帕斯卡从两种不同的意义上使用了这个词。不会读书写字的人是个无知者。但是一个数学家，虽然不知道大自然隐藏的原理，但他的无知并不等于就是他开始学习读书时、作为出发点时的无知。牛顿先生不知道人为什么只要愿意，就可以活动自己的手臂，但在其他的问题上，他仍然是一个学者。一个人不会讲希伯来语，但是会说拉丁语，与只会说法语的人相比，他就是个学者。

三十五、“能够得到消遣之乐还不是幸福。因为消遣来自别处，来自外部。比如，消遣是有依赖性的，因此也就可以被很多的事故所干扰，成为不可避免的烦恼。”

有的人现在是幸福的，是快乐的，而且这种快乐只能来自于外部。我们的感觉和观念只能来自于外部的物体，正好比我们只能让外部的物质进入我们的体内，让这些外部的物质变成我们体内的物质，我们才能够养育我们的身体。

三十六、“极端的思想被指责为疯狂，是极端的错误。只有平庸的东西，才被认为是好的东西。”

被指责为疯狂的，不是思想的极端，而是思想的极端活跃和喋喋不休。思想的极端是极端的公正、极端的细腻、极端的广博，这与疯狂是完全相反的。

思想的极端错误是缺乏想象，思想空洞。而这并不是疯狂，是愚蠢。疯狂是官能的错乱，让人极快地看到几个物体，或者过分执着和过分强烈地将想象停留在单独一个物体上。人们认为好的,也不是平庸,而是远离两种极端的缺点,这就是人们所说的"中庸",而不是平庸。

三十七、"如果我们的命运真是幸福的,那就不应该分散我们想念这一幸福的注意力。"

我们的命运恰恰是要想到外部的物体,我们与这些物体有着必然的联系。想分散一个人的注意力,不让他想关于人类命运的事,那是错误的。因为不管他的思想关注到什么事物,他关注的事物必然是与人类命运有关的。我再说一遍,如果抽离了自然的事物而只想自我,那就等于什么也不想,这是我们要好好注意的一点。

我们不应该阻止一个人去想他的命运,我们应该永远维持他对命运的乐趣。我们对学者谈论名誉和科学;我们向君主谈论与他的伟大有关的事物;我们向一般的人谈论生活的快乐。

三十八、"大人物和小人物有着同样的事故、同样的烦恼和同样的激情。只不过有的人坐在高高的车轮子上面,有的人坐在靠近车轮中心的地方,他们所受到的颠簸是不一样的。"

说小人物受到的颠簸比大人物少,这是错误的。相反,他们的绝望更加强烈,因为他们的资源更少。在伦敦自杀的一百个人当中,九十九个是下层百姓,只有一个是上流社会的人。车轮子的比喻很巧妙,只不过是错误的。

三十九、"我们不能教人们如何样做一个正直的人,我们可以教他们所有其他的东西。但是他们最关注的,其实只是如何做一个正直的人。因此,他们所关注的,只是他们根本就不会学的那样东西。”

我们是教人们如何做个正直的人的，如果我们不这样做，能够成为正人君子的人就很少。如果你让孩子在童年时候见到什么就拿什么，到了十五岁上，他就会成为江洋大盗。他说一句谎话，你就赞扬他，他就会成为伪证人。你为他的淫欲唱赞歌，他会成为荒淫无耻的人。我们要把一切都教给人们，包括品德、宗教。

四十、“蒙田要描写自己的计划，那是多么愚蠢的计划啊！之所以说他的计划愚蠢，并不是从他的格言来看，同时也反对他的格言，因为人人都有犯错误的时候，而是从他自己的格言，以及最初的和主要的意图来看。因为，如果是出于偶然，出于一时疏忽而说了蠢话，这是一般人都会犯的过错；但是，如果故意说蠢话，那是不能忍受的，尤其是讲了这样一些蠢话的人。”

像蒙田那样，天真地想描绘自己的计划是多么可爱啊！因为他描绘的，是人的天性。而尼可勒[①]、马勒伯朗士（Malebranche）、帕斯卡诋毁蒙田的计划则是可悲的！

四十一、“有些骗子说他们有治病救人的药，人们就很相信这些骗子，甚至常常将生命托付给他们。当我思考人们为什么会如此相信这些骗子时，我发现其真正的原因，是有真的治病救命的药。因为，如果没有真药，就不可能有那么多假药了，人们就不可能那么相信这些人了。如果从来就没有过真的治病救命的药，如果所有的病痛都是治不好的，人们是不可能凭着想象，便去信任那些吹嘘自己有灵药的人，就更不可能有那么多人相信这些骗子了。

① 尼可勒（Pierre Nicole，1625 或 1628—1695）：法国宗教学家、詹森派信徒。

同样,如果一个人吹嘘说自己可以让人不死,谁也不会相信他,因为这种事没有任何先例。但是,因为有过成千上万的药是真的,一些伟大的人物都知道这一点,人们于是也就相信了,因为不能一概地否认(既然有些个案是真的),百姓无法区别个案当中哪些是真的,便一概都相信了。同样,人们也相信月亮的很多虚假的影响,因为有些影响是真的,比如海洋的潮汐。

因此,我认为显而易见的是,之所以有那么多假的奇迹、假的启示、假的魔法,是因为有真的,所以才会有假的。"

我觉得从本质上来说,人并不需要真的事物才会陷入假的事物当中。人们先是认为月亮会产生很多虚假的影响,后来才想到月亮与潮汐之间的真正的关系。第一个生病的人很容易相信第一个江湖郎中的话。谁也没有见过狼人和巫师,可是很多人都相信真有狼人和巫师的存在。谁也没有亲眼见过黑铁变金子,可是不少人因为相信点金石而破产。罗马人、希腊人,所有的异教徒之所以相信身边的很多假奇迹,难道是因为他们见过真的奇迹吗?

四十二、"港口控制着船上的人们。但是,在道德上,我们从哪里找到这样一个控制点呢?"

在所有的民族都接受的唯一的格言当中去找:

"己所不欲,勿施于人。"

四十三、"暴民想:没有武器就等于死亡。他们宁愿死亡也不要和平。其他人宁愿死亡也不愿意打仗。人们喜欢种种观点都胜过喜欢生命,可是人们对生命的爱却是那么强烈,那么自然。"

这番话是塔西佗(Tacite)在谈到加达鲁西亚人时说的。但是不曾有过任何一个民族被人说:"宁愿死亡也不愿意打仗。"你也不能对任何一个民族说这种话。

四十四、“越是有思想的人，发现的不同寻常的人就越多。寻常百姓是发现不了人与人之间的差别的。”

真正不同寻常的人其实很少。几乎所有的人都是在风俗习惯和教育的影响之下掌控自己，掌控思想和感觉的。敢于走新路的人极其少见。但是，在这一群相伴而行的人当中，每个人走路的步态都会多少有些不同，目光锐利的人才能够看到不同之处。

四十五、“因此有两种人，一种能够迅速而深刻地洞察各种原理产生的后果，这是具有准确性思想的人。另一种人能够理解很多的原理，他们不会把这些原理混为一谈，这样的人是具有几何学思想的人。”

我认为今天，人们习惯上把“有几何学思想的人”称之为“思想有条理、有逻辑的人”。

四十六、“与想到自己会暴毙相比，不知不觉中的死亡更容易忍受。”

一个人根本没有想到自己会死亡时，我们不能说他更容易或者更不容易忍受死亡。如果感觉不到什么，那也就用不着忍受什么。

四十七、“我们假设，对于出现在面前的物体，所有的人都是以相同的方式想象和感觉的。但是，我们对这一点的假设也太随意了，因为我们没有任何证据。我的确注意到，在相同的场合，人们会使用相同的字词，比如，两个人每次看到雪时，都会用相同的词来表达他们看到的同样的事物，都会说雪是白的。根据用词的一致性，我们得出一个有力的猜测，认为他们的思想也是一致的。但这并不是完全有说服力的，虽然思想一致的可能性很大。”

应当拿来作证明的，不是白颜色。白色是所有光线的组合，大家都觉得白色是灿烂的，看久了还会有些耀眼，白色对所有的眼睛产生同样的效果，但是我们可以说，也许所有的眼睛在看其他的颜色时，方式是不会完全相同的。

四十八、“我们的全部理性最终都会向感觉让步的。”

我们的全部理性在兴趣上最终都会向感觉让步，但是在科学上不会。

四十九、“按照规则来判断一部作品的人，在面对别人时，就好比是有手表的人在面对没有手表的人时一样。其中一个人说：‘我们在这儿待了两个小时了。’另一个说：‘只待了三刻钟。’我看了看自己的手表，对其中的一个说：‘你觉得厌烦了。’对另一个说：‘你对时间长短的感觉不太明显。’”

在对待与兴趣有关的作品时，在判断音乐、诗歌、绘画作品时，人的兴趣就是手表。只按照规则去判断这些作品的人会做出糟糕的判断。

五十、“我觉得，恺撒太老了，不会再借征服世界来开心了。这样的开心倒是适合亚历山大。亚历山大是个年轻人，你很难拦住他。而恺撒应当更加成熟了。”

人们一般以为，亚历山大和恺撒之所以走出国门，就是为了要征服地球的。其实并非如此。亚历山大在腓力普之后担任希腊的将军，承担起正义的事业，因波斯国王的侮辱而为希腊人复仇。他打败了共同的敌人，他征服的路程一直到了印度，因为大流士的王国一直扩展到了印度。正好比如果没有德·维拉元帅（maréchal de Villars)，马尔伯勒公爵（duc de Marlborough）会一直打到里昂。

关于恺撒，他是共和国的元老之一，与庞贝吵翻了，正好比冉森派与摩利那派争吵一样。于是便出现了你死我活的局面。一场死亡不足一万人的战役决定了一切。

另外，帕斯卡先生的思想也许在各个方面都是错误的。恺撒一定是成熟的，所以才能够理清如一团乱麻一般的阴谋。而且令人感到吃惊的是，亚历山大年纪轻轻，竟然放弃了欢乐，去进行一场十分艰苦的战争。

五十一、“让人感到很好笑的是，我们看到，世上有些人放弃了上帝和自然的所有律法，自己又另外制定了一套，并且规规矩矩地遵守着，像小偷之类的人就是这样。”

看到这一点是有用的，而不仅仅应当感到好笑。因为这证明任何人的社会，如果没有规则，便一天也不能生存下去。

五十二、“人不是天使，也不是野兽。不幸的是，谁想当天使，谁就会成为野兽。”

谁想摧毁人的欲望，而不是规范人的欲望，谁就是想当天使。

五十三、“一匹马不会寻求得到伴侣的赞美。我们在赛马场上看到两者之间存在着某种竞争，但是，竞争并不会破坏它们之间的关系。因为，一旦回到马棚，身材最为笨重的、最不匀称的马，也不会因此而把自己的草料让给其他的马。人与人之间的关系就不是这样了。人的道德不会仅仅满足于自己。而且人如果不能损人利己，是不会感到满足的。”

身材长得最不匀称的人也不会把自己的面包让给别人的，但是身材最为强壮的人会把弱小者的面包抢过来。不管是动物还是人，都有弱肉强食的现象。

五十四、“如果人开始研究自己，那他就会明白，他无法超越自己。部分怎么能够认识整体呢？他也许希望至少认识与自己相对应的部分。但是世界上所有的部分相互之间都有这样的关系，都是这样联系在一起的，所以我认为，如果没有其中的一个，如果没有整体，就不可能认识另一个。”

我们不能因为人不能认识整体的这种考虑，而不让人去认识对他有益的东西。

你的眼睛虽然比不上林叩斯[1]的锐利，但是，切不可因此不擦掉你的眼屎。

我们认识很多真理。我们发明了很多有用的东西。我们不知道蜘蛛和土星环之间的关系，但我们不必因此而难过，让我们继续考察我们能够认识的东西吧。

五十五、“如果霹雳落在低洼处，诗人和只知道依据事物的性质思考问题的人就会缺乏证据了。”

比喻在诗歌和散文当中都不是证据。在诗歌当中，比喻是用来美化的；在散文当中，比喻是用来阐明事物，使事物变得更具有感性的。诗人把伟人的不幸比喻为击打高山的霹雳；如果发生相反的情况，诗人会做出相反的比喻。

五十六、“正是精神和肉体的组合，使得几乎所有的哲学家都

---

① 林叩斯(Lynceus)：希腊神话中参加阿耳戈远征的勇士之一。

将观念和事物混淆在了一起，把本来属于精神的，归在了肉体上，把只适合于肉体的，归在了精神上。”

如果我们知道何为精神，我们可以抱怨哲学家们把本来不属于精神的东西，归在了精神的名下。但是我们不了解精神，也不了解肉体。我们对精神一无所知；对肉体，我们只有一些极不完善的观念。因此，我们不知道精神与肉体的界限在哪里。

五十七、“我们可以说‘诗意之美’，那么也应该可以说‘几何之美’、‘医学之美’。然而没有人这么说。原因是我们清楚地知道几何的对象是什么，医学的对象是什么，但是我们不知道作为诗的对象的愉悦感究竟是怎么回事。我们不知道应当模仿的这种自然的模式是怎么回事。而且由于缺乏这种知识，人们发明了一些奇怪的词语：黄金时代，当今的奇迹，致命的桂冠，美丽的星辰，如此等等。而且人们称这些莫名其妙的词语为诗之美。但是，如果我们想象一个女人按照这种模式穿戴，那我们看到的，则是一个漂亮的小姐，浑身上下却披挂了镜片和黄铜链子。”

这种说法是非常错误的：我们不应当说几何之美，也不应当说医学之美，因为一个几何定理以及用泻药进行的一次治疗，不会让人产生愉悦的感觉，而只有让人的感觉器官感到愉悦的事物，我们才称其为美，比如音乐、绘画、演讲、诗歌、规则的建筑，等等。

帕斯卡先生给出的理由也是错误的。我们很清楚地知道诗的对象是什么。诗就是要有力度、清楚、细腻、和谐地描摹现实。诗是和谐之口才。帕斯卡先生的审美情趣一定是极低，所以才会认为致命的桂冠、美丽的星辰之类的蠢话具有诗之美。这本《思想集》的出版者一定是对文学少有兴趣，所以才会印行这种与著名的作者名声极不相配的作品。

对帕斯卡先生的《思想录》的其他意见，说来话长，我就不再寄给你了。帕斯卡先生是个伟大的天才，在他的作品中发现了几个由于疏忽而出现的错误，我自认为这已经是了不起的事。相信伟大的人也和普通人一样犯错误，对于思想狭隘如我的人来说，实在是一种慰藉。

伏尔泰年表

1694:伏尔泰出生于巴黎,祖姓弗朗索瓦-马利·阿鲁埃。

1702:西班牙王位继承战争。

1704:法国军队在霍克施塔特(Hochstaedt)战役中失败。伏尔泰进入耶稣会的路易大帝中学读书。

1706:欧仁大公(le prince Eugène)和马尔伯勒(Marlborough)占领里尔。

1713:乌得勒支和约签订。伏尔泰在海牙短期逗留,任法国大使馆秘书。

1715:路易十四逝世。摄政王奥尔朗公爵掌权。

1717:伏尔泰在巴士底狱被关了十一个月。

1718:伏尔泰的悲剧《俄狄浦斯王》(Oedipe)上演,大获成功。

1719:通货膨胀,约翰·劳(Law)的"体系"崩溃。

1720:伏尔泰到奥尔朗附近的苏斯城堡(Château de la Source)拜访博林布罗克勋爵(lord Bolingbroke).

1721:在伦敦,罗伯特·沃波尔(Robert Walpole)成为英国总理,掌权一直到 1742 年。

1722:伏尔泰到荷兰旅行,对这个国家的宽容和繁荣赞赏有加。

1723:伏尔泰发表《亨利亚特》(La Henriade)的第一个版本《联盟》(La Ligue),是一部以宗教战争和亨利四世为题材的史诗。

1726:2月4日,德·罗昂骑士指使手下人杖责伏尔泰。4月17日,伏尔泰被关进巴士底狱。5月5日,他来到加莱,乘船去英国。7月,他秘密回到巴黎,意图与罗昂决斗。弗雷里(Fleury)统治法国,手握大权一直到1743年去世。

1727:1月,伏尔泰被引见给英王乔治一世。4月8日,伏尔泰在威斯敏斯特参加牛顿的盛大葬礼。12月,他用英文发表了两本小册子,一本是《论内战》(Essay on civil wars),一本是《论史诗》(Essay on epick poetry)。

1728:伏尔泰根据人们的订购数量,印行了《亨利亚特》,并将书题词献给英国女王。11月,他回到法国。普雷沃斯特神甫(abbé Prévost)改宗信奉耶稣教,并逃到伦敦避难。

1729:孟德斯鸠(Montesquieu)来到英国。

1730:3月15日,伟大的舞台艺术家阿德里安娜·勒库夫乐(Adrienne Lecouvreur)逝世。由于宗教神职人员拒绝为她举行葬礼,女艺术家的尸体被抛弃在马路上。伏尔泰在一首题为"阿德里安娜小姐之死"的诗中,表示了自己的愤慨。12月,模仿莎士比亚风格的悲剧《布鲁图斯》(Brutus)上演。冉森派教徒在六品修士帕里斯(diacre Pâris)的墓地上发生骚乱。

1731:伏尔泰发表在伦敦时便开始创作的《查理十二世史》(Histoire de Charles XII)。

1732:8月,《萨绮尔》(Zaïre)发表,这是伏尔泰题词献给英国商人法格奈(Falkener)的一部悲剧剧本。

1733：1月，伏尔泰发表《趣味的圣堂》(Le Temple du Goût)。6月，结识夏特莱夫人(Mme du Châtelet)。7月，在《哲学书简》中增补《关于帕斯卡的几点意见》。

1734：《哲学书简》开始在巴黎发行。伏尔泰躲藏在夏特莱夫人在香槟的西莱城堡。同年，孟德斯鸠的《罗马盛衰原因论》(Considérations sur les Romains)发表。

1735：伏尔泰获准返回巴黎。

1736：夏特莱夫人学习英文，并翻译了曼德维尔(Mandeville)的《蜜蜂的寓言》。《摩登人物》(Le Mondain)发表，伏尔泰到荷兰躲了几周。

1737：伏尔泰发表《牛顿哲学原理》(Les éléments de la philosophie de Newton)。

1738：在西莱城堡。

1740：奥地利玛丽·特蕾莎(Marie-Thérèse)登基。普鲁士国王腓特列二世(Frédéric II)登基。腓特列二世入侵西里西亚。伏尔泰在克里夫(Clèves)第一次与腓特列二世见面。

1741：奥地利王位继承战争。

1742：伏尔泰的悲剧《穆罕默德》(Mahomet)在巴黎遭到禁演。

1743：弗勒里(Fleury)去世，达尔让松(d'Argenson)兄弟进入政府执政。伏尔泰的悲剧《梅洛伯》(Mérope)上演。伏尔泰到柏林执行秘密任务。

1745：路易十五在冯特努瓦(Fontenoy)大获全胜，蓬巴杜夫人(Mme de Pompadour)成了路易十五的情妇。伏尔泰被任命为宫廷史官。

1746:伏尔泰当选法兰西科学院院士。

1747:伏尔泰在宫廷遭遇挫折。《查第格》(Zadig)发表。

1748:伏尔泰在南锡,路易斯维尔,科梅尔西,与路易十五的内兄斯塔尼斯拉斯宫(Cour de Stanislas)来往频繁。亚琛和约签订。孟德斯鸠发表《论法的精神》(L'Esprit des lois)。

1749:夏特莱夫人逝世。

1750:伏尔泰被任命为腓特烈二世的侍从,出发去柏林。卢梭发表《论科学与艺术》(Discours sur les Sciences et les arts)。

1751:《百科全书》第一卷出版。伏尔泰发表《路易十四的时代》(Le Siècle de Louis XIV)。

1753:与腓特烈二世决裂。由于路易十五禁止伏尔泰进入巴黎,他只好生活在阿尔萨斯。

1755:伏尔泰在日内瓦郊区的德利斯庄园定居。孟德斯鸠逝世。卢梭发表《论不平等的起源》(Discours sur l'origine de l'inégalité)。

1756:伏尔泰发表《论国家的风俗与精神》(Essai sur les moeurs et l'esprit des nations)。七年战争开始。

1757:法国军队在罗斯巴赫一败涂地。哲学家遭到迫害,《百科全书》的发表被迫中止。

1758:舒瓦瑟尔公爵(le Duc de Choiseul)进入政府执政。伏尔泰买下瑞士边境法国境内的费尔奈(Ferney)和图尔奈(tourney)的地产。

1759:伏尔泰发表《老实人》(Candide)。

1761:巴黎议会起诉耶稣会的教士,诉讼的结果最终导致取消耶稣会。卢梭发表《新爱洛伊丝》(La Nouvelle Héloïse)。

1762:卡拉(Calas)事件发生。俄国叶卡捷琳娜二世掌权。卢梭发表《社会契约论》(Le Contrat social)和《爱弥儿》(Emile)。

1763:七年战争结束。伏尔泰发表《论宽容》(Le Traité sur la Tolérance)。

1764:伏尔泰发表《哲学词典》(Dictionnaire philosophique)。

1766:德·拉巴尔骑士(chevalier de La Barre)因亵渎宗教而被处以极刑。

1767:伏尔泰发表《天真汉》(L'Ingénu)。

1770:舒瓦瑟尔倒台。

1774:路易十六登基。杜尔哥(Turgot)任财政大臣。

1778:伏尔泰回到巴黎,在这一年达到一生光荣的顶峰,并于当年逝世。

图书在版编目(CIP)数据

哲学书简/(法)伏尔泰著;闫素伟译. —北京:商务印书馆,2017
(汉译世界学术名著丛书:120年纪念版:珍藏本)
ISBN 978-7-100-14716-3

Ⅰ. ①哲… Ⅱ. ①伏… ②闫… Ⅲ. ①伏尔泰(Voltaire,Francois-Marie,Arouet 1694-1778)—书信集 Ⅳ. ①B565.25

中国版本图书馆CIP数据核字(2017)第158030号

权利保留,侵权必究。

汉译世界学术名著丛书
(120年纪念版·珍藏本)
哲 学 书 简
〔法〕伏尔泰 著
闫素伟 译

商 务 印 书 馆 出 版
(北京王府井大街36号 邮政编码100710)
商 务 印 书 馆 发 行
北京市松源印刷有限公司印刷
ISBN 978-7-100-14716-3

2017年12月第1版 开本710×1000 1/16
2017年12月北京第1次印刷 印张10¾
定价:55.00元